ENTENDENDO SEU FILHO DE QUATRO A CINCO ANOS

ubu

Lesley Maroni

CLÍNICA TAVISTOCK

ILUSTRAÇÕES
Marcelo Cipis

COORDENAÇÃO DA EDIÇÃO BRASILEIRA
Luciana Pires

PREFÁCIO À EDIÇÃO BRASILEIRA
Angela Fontana e Lucia Wajskop

TRADUÇÃO
Humberto do Amaral

ENTENDENDO SEU FILHO DE QUATRO A CINCO ANOS

NOTA DA EDIÇÃO BRASILEIRA

Luciana Pires

Chorar é sinal de saúde do seu bebê. Se você está se sentindo totalmente perdido/a, é porque está em sintonia com ele. Não há nada melhor para o fortalecimento do vínculo e o aprendizado emocional do que você e sua criança viverem juntos, quase sempre aos trancos e barrancos, uma experiência de desencontro seguida por remanso de reconciliação. Não só errar é humano, como errar compõe nossa humanidade.

É nessa toada que os livros desta nova edição da coleção Entendendo seu Filho conversam com os cuidadores de um bebê ou de uma criança pequena, construindo um ambiente de profunda delicadeza e ternura para com a infância, quem zela por ela e o próprio gesto de cuidar. São livros que cuidam de quem cuida, acolhendo a desordem e os sobressaltos iniciais dos quais toda vida humana depende e sempre dependeu.

"Eu sei, eu sei, eu fiz tudo errado." "Eu gritei com ele, eu me descontrolei." "Você precisa ver o que esse menino tem, não é normal chorar tanto assim." Diante de desabafos corriqueiros como esses, os livros da coleção sustentam que não é preciso se assustar, é assim mesmo: tudo parece de ponta-cabeça no início. E, desse modo, eles funcionam como um antídoto contra a tendência alarmista atual de transformar desajustes passageiros em diagnósticos definitivos. A ideia não é que você siga esta ou aquela diretriz, mas que seja reconhecido e sustentado no trabalho cotidiano e imperfeito de acompanhar o crescimento de uma criança.

Produzida pela Clínica Tavistock - referência internacional em desenvolvimento infantil, saúde mental e psicoterapia com crianças e famílias -, esta coleção tornou-se um clássico nos cuidados com a infância em todo o mundo, consagrando-se nos três momentos em que foi publicada: nos anos 1960, nos anos 1990 e, mais recentemente, em 2004 - edição que serve de base para esta tradução.

Fundada em Londres após a Primeira Guerra Mundial, a Clínica contou, ao longo de sua trajetória, com a colaboração de importantes psicanalistas, como Wilfred Bion, Esther Bick, Donald Meltzer e Anne Alvarez, e integra a rica tradição da psicanálise infantil no Reino Unido, da qual emergiram figuras como Donald W. Winnicott e Melanie Klein.

Várias décadas se passaram, não só desde a primeira publicação da coleção, mas também desde sua última atualização em inglês. Como sabemos, o campo dos cuidados com a infância é sensível às transformações culturais e históricas. E, nos últimos anos, mudanças significativas vêm ocorrendo em nossas concepções de estrutura familiar, identidade de gênero e métodos reprodutivos.

A coleção traz, portanto, o recorte cultural de seu tempo e lugar de origem, privilegiando, por exemplo, o modelo de casal heterossexual de classe média, com funções parentais preestabelecidas e bem delimitadas. A maneira como as crianças são descritas também deixa entrever, em certos trechos, pressupostos de gênero. Ainda assim, as ideias aqui reunidas sobre o cuidado seguem valiosas, desde que lidas à luz da pluralidade das experiências possíveis. O cuidado, afinal, pode assumir formas diversas em diferentes configurações familiares, e as crianças, por sua vez, também se desenvolvem em múltiplas direções.

Ao trazer esta coleção para o Brasil, buscamos manter sua força original, ao mesmo tempo que ponderamos a existência de contextos sociais, culturais e familiares distintos. Acreditamos que vale muito a pena a travessia, contanto que as experiências particulares sejam consideradas e respeitadas e cada um se acerque da riqueza de sua própria bagagem. Que a sabedoria suave desse outro tempo e geografia possa ir ao encontro de você com sua criança, envolvidos na sua própria cena de cuidado, e assim possibilite novos olhares sobre os desafios da primeira infância, com suas angústias, descobertas e laços em formação.

Esses livros se dirigem a todos os que acompanham o desenvolvimento de uma criança, sejam mães ou pais, avós, tios, padrinhos, vizinhos, profissionais de creche, educadores, agentes de saúde ou equipes multiprofissionais. O que está em jogo é a presença de pelo menos um adulto que se disponha a estar implicado na bagunça boa de toda criação. A coleção trata de mostrar a esse adulto que ele não está sozinho.

LUCIANA PIRES é mestre e doutora pelo Instituto de Psicologia da Universidade de São Paulo (IP-USP) e especialista em psicanálise pela Clínica Tavistock. Publicou o livro *Do silêncio ao eco: autismo e clínica psicanalítica* (Edusp, 2022) e organizou a obra *Françoise Dolto: cultura, psicossomática e clínica* (Blucher, 2023). Além de atender como psicanalista em consultório particular, coordena grupos de estudos em psicanálise e é supervisora clínica. É também coordenadora do Projeto Sustentar - Psicanálise, Infâncias e Saúde Pública do Instituto Sedes Sapientiae e do Projeto Criancidade, uma colaboração entre IP-USP / Mackenzie / Sedes.

PREFÁCIO À EDIÇÃO BRASILEIRA

Angela Fontana e Lucia Wajskop

> *Todo lugar onde o homem cresceu e se desenvolveu*
> *um dia se torna estreito.*
> *Nenhum lugar pode ser amplo para sempre.*
> *O ventre materno é o primeiro grande exemplo.*
> *Saber entregar-se às contrações do lugar estreito rumo ao lugar amplo é um processo assustador, avassalador e mágico.*
>
> NILTON BONDER, *A alma imoral*

A infância, especialmente nos primeiros anos, é um período marcado por intensas transformações físicas, emocionais e cognitivas, e a abordagem cuidadosa e reflexiva sobre as nuances do desenvolvimento proposta por esta obra destaca a complexidade e a beleza da jornada dos quatro aos cinco anos.

Ao explorar a riqueza do universo infantil e das relações estabelecidas entre adultos e crianças, o livro traz uma máxima para os cuidadores: cada criança é única e não há fórmulas universais capazes de abranger essa diversidade. No entanto, a impossibilidade de escrever um "guia" para a infância não significa que é impossível acompanhar quem cuida – em suas surpresas e inquietações – e apontar caminhos.

O texto de Lesley Maroni é simples e essa é uma de suas grandes qualidades: trata-se de uma obra que pode ser acessada por um cuidador experiente ou por alguém que está começando a interagir com crianças. É importante destacar que simples não significa simplista ou sem profundidade: a autora não subestima a capacidade dos leitores de compreender e lidar com as sutilezas desse período do desenvolvimento humano. Ao contrário, traduz conceitos e reflexões essenciais de maneira clara, prática e próxima da realidade.

Por trazer a voz das crianças e dos cuidadores nos impasses cotidianos, o livro ainda ajuda o leitor a se reconhecer nas situações descritas, pois não apresenta uma criança de quatro ou cinco anos idealizada, que vive apenas de amor e cooperação, mas aborda também sentimentos de raiva, rivalidade e competitividade tão presentes no dia a dia e em particular nessa fase do desenvolvimento infantil.

O capítulo 1 ilustra bem isso com a descrição de uma cena de rivalidade entre dois irmãos, Toby e Charlotte. Ao investigar a intenção de Toby de provocar a irmã, o texto evidencia a sofisticação das interações fraternas, indagando os cuidadores sobre seu papel em cenas como essa, tão intrincadas quanto comuns. O livro não pressupõe um cuidador perfeito, que não erra e sabe sempre o que fazer; pelo contrário, o olhar de Maroni acolhe as imperfeições e celebra o processo de construção na educação. Enxerga tanto as belezas como os desafios de ambas as partes, reconhecendo que o crescimento – de crianças e adultos – acontece na relação e no enfrentamento diário dos desafios.

Em vez de propor respostas definitivas, o livro apresenta e analisa situações que convidam os cuidadores a pensar: o que oferecer à criança para que ela supere momentos de angústia? Como ajudá-la a ampliar seu olhar para o outro, construir novas formas de resolver impasses e enxergar diferentes possibilidades de interação e convivência? Como incentivá-la a reconhecer e a nomear seus sentimentos?

Aos cinco anos, a criança vive um momento fascinante de transição. É uma idade em que a curiosidade floresce, as perguntas surgem aos montes, os porquês se tornam incansáveis e a imaginação cria universos cheios de aventuras. Ela experimenta um desejo intenso de independência, ao mesmo tempo que ainda busca a segurança e o apoio dos adultos. Isso leva a comportamentos ambivalentes, como querer fazer algo sozinha, afirmando sua conquista, e em seguida precisar se certificar da presença reconfortante do adulto, que lhe traz segurança – a tensão entre o receio e o desejo de crescer. Ao apresentar situações como o de Alistair, ainda no capítulo 1, o livro nos oferece a tradução cristalina dessa ambivalência.

Além de conquistar maior autonomia física e intelectual, a criança dessa idade se desenvolve emocional e socialmente de maneira intensa. Começa a entender melhor os próprios sentimentos e os dos outros, o que contribui para o desenvolvimento da empatia. Jodie e Priya, no capítulo 2, dão um exemplo bonito de como a empatia pode se estabelecer nessa tenra idade. Já na escola, ao experimentar suas primeiras amizades e alargar horizontes para além da família, Jodie é capaz de demonstrar um desejo genuíno de entender Priya e de expressar em palavras o que a outra criança estava sentindo, mostrando-se capaz de aliviar a angústia da amiga. Naquele dia em particular, a mãe de Priya havia esquecido de deixar uma capa de chuva com a filha, e acabou chovendo. Jodie, é claro, não tem como fazer parar de chover, mas ela reconhece e enuncia em voz alta o motivo pelo qual Priya está com raiva, insistindo para que a amiga venha brincar com ela, apesar da frustração. Com uma pergunta tão singela como "Você está triste por causa da capa?", Jodie ajuda a dissolver o mal-estar da amiga, consolidando um laço de amizade significativo.

As crianças aprendem pouco a pouco a negociar pontos de vista, a compartilhar brincadeiras, a lidar com frustrações e a encontrar soluções para pequenos conflitos – habilidades fundamentais para a vida em grupo, desde a infância até a vida adulta. Nesse contexto, o brincar, presente na infância, assume importância central como principal linguagem da criança e como atividade essencial para seu desenvolvimento integral. Por meio do brincar, ela expressa sentimentos, experimenta diferentes papéis, desenvolve habilidades sociais e cognitivas. E o adulto garante ambientes saudáveis e seguros que permitem que, ao brincar, a criança explore o mundo ao redor de forma plena e confiável.

O processo de aquisição e aprimoramento da linguagem verbal nessa fase é rápido e significativo, impulsionado pelo contato social e pelas experiências cotidianas da criança, que agora frequenta a escola. Por sua vez, uma linguagem mais desenvolvida enriquece e propicia interações mais elaboradas: um ciclo virtuoso em que a linguagem, a socialização e a autonomia se retroalimentam. Com o crescimento da capacidade de expressão verbal e de argumentação, a criança se empenha em fazer valer suas vontades e em descobrir o alcance de seu poder. Nessa busca, é bastante assertiva e não raro testa limites, mede forças, desafia regras, principalmente na relação com os adultos. Esse exercício, muitas vezes exaustivo para quem cuida, é parte constitutiva do desenvolvimento infantil, da compreensão das dinâmicas existentes nas relações sociais e dos lugares que cada um ocupa nelas.

É essencial que a criança encontre, no adulto, uma referência firme, que suporte seus confrontos e sustente posições coerentes com os valores que deseja transmitir, pois nessa fase ela começa a ter noção do coletivo e a regra deve ser entendida como algo que viabiliza o convívio e deixa todos em condição de igualdade, o que lhe dá segurança. A leitura deste livro ajuda os cuidadores a reafirmar sua autoridade, a refletir sobre seus princípios e a sustentá-los, mesmo em um contexto desfavorável, que com frequência privilegia a satisfação imediata dos desejos infantis.

Em uma época marcada por mudanças profundas na estrutura das famílias e nas dinâmicas sociais, a maioria dos cuidadores não conta com redes de apoio, as quais podem ser frágeis. Boa parte da informação que circula sobre os cuidados de uma criança hoje se encontra nas redes sociais, muitas vezes de forma superficial. Nesse cenário, quem cuida é bombardeado por um excesso de posições categóricas, lançadas como sentenças, o que gera insegurança no adulto que busca apoio e reforça nele uma sensação de inadequação.

Importante ressaltar que não negamos o valor da tecnologia digital e das redes como ferramentas capazes de ampliar horizontes e mesmo de criar comunidades para troca de experiências. Mas temos também, nas redes sociais, um cenário em que predominam recortes selecionados da vida cotidiana, com destaque exclusivo para imagens de sucesso, momentos de alegria e vivências aparentemente perfeitas. Esse fenômeno cria uma representação distorcida da realidade, afastando a complexidade e os desafios inerentes à vida, especialmente aqueles relacionados à parentalidade.

A ausência de interlocutores próximos e de confiança, que poderiam oferecer apoio emocional e estímulo à reflexão, agrava o sentimento de incapacidade e solidão de quem cuida. A troca de experiências e o contato com diferentes perspectivas, que antes acontecia com mais frequência em ambientes presenciais e íntimos, têm sido substituídos pela superficialidade das interações digitais, resultando em uma sensação de vazio. A velocidade do mundo virtual se choca com o tempo lento e gradual exigido para um desenvolvimento humano saudável, que demanda paciência e requer compreensão contínua dos limites e das potencialidades da criança. Os relatos e as análises apresentados neste livro fazem um importante contraponto a essa questão.

Com a saúde mental cada vez mais ameaçada pela hiperconexão que limita as interações reais e o desenvolvimento de habilidades corporais, intelectuais, sociais e emocionais, a coleção Entendendo seu Filho ganha ainda mais relevância. Ela nos põe em contato com a criança de volta a um mundo real. O texto resgata a importância das brincadeiras de faz de conta e da prática de ler em voz alta livros infantis para a criança, entre outros hábitos muitas vezes esquecidos em meio à rotina digital. Com isso, somos alertados para o risco do isolamento e da diminuição das interações face a face, tão fundamentais para o desenvolvimento infantil.

Cuidar de uma criança é, antes de tudo, um ato de presença, um mergulho contínuo em um mundo de descobertas, tanto dela como de quem dela cuida. Este livro é um convite para que o cuidador se reconheça não apenas como peça central no desenvolvimento infantil, mas como testemunho vivo de sua trajetória.

Ninguém está mais qualificado para pensar e agir em relação a uma criança do que aqueles que convivem intimamente com ela, com atenção genuína e abertura para o inesperado. Os especialistas, sem dúvida, têm valor: oferecem ferramentas, conhecimentos e perspectivas que podem enriquecer o processo de cuidado. Mas há um saber exclusivo de quem se envolve no dia a dia da criança e está lá para observar, interagir e, quem sabe, se deixar transformar por essa relação.

A autora nos mostra que a convivência com uma criança, embora possa ser profundamente transformadora, exige coragem. Exige uma abertura para se deixar surpreender pelo desconhecido, para rever as próprias atitudes e para perceber que cada interação, por menor que pareça, é uma oportunidade de construir um vínculo mais profundo.

Desejamos que a leitura deste volume inspire um olhar atento e cuidadoso, no qual o adulto se reconheça capaz de descobrir e compreender sua criança e se permita enfrentar, com liberdade, esse processo, a fim de encontrar saídas autênticas e criativas. Esperamos que este trabalho inspire mais confiança para os cuidadores, orientando e, acima de tudo, reforçando a importância de uma convivência atenta, amorosa e respeitosa. Afinal, educar pressupõe trocas constantes que pedem sensibilidade, escuta e disposição para refletir.

ANGELA FONTANA é graduada em psicologia pela Pontifícia Universidade Católica de São Paulo (PUC-SP), com especialização em psicopedagogia pela mesma instituição. Participou da construção do projeto da Escola Vera Cruz, onde atuou como professora, orientadora e coordenadora, sempre na Educação Infantil e nas séries iniciais do Ensino Fundamental. Realiza terapia de crianças e adultos, orientação de pais e mães e supervisão de educadores no Grupo Especializado de Atendimento Integrado (Geai).

LUCIA WAJSKOP é graduada em pedagogia pela PUC-SP e trabalha há mais de quarenta anos com a primeira infância, sempre em diálogo com a psicanálise. Foi coordenadora da Brinquedoteca Municipal de Osasco e atuou como orientadora educacional na Escola Vera Cruz e no Colégio Santa Cruz, com foco nas faixas etárias de quatro a seis anos.

PREFÁCIO

Jonathan Bradley

A Clínica Tavistock é reconhecida internacionalmente como um centro centro de excelência em formação, prática clínica em saúde mental, pesquisa e produção acadêmica. Fundada em 1920, sua história é a de um trabalho inovador. Com o objetivo original de oferecer tratamentos que pudessem ser usados como base para pesquisas sobre a prevenção social e o tratamento de problemas de saúde mental, além de transmitir a outros profissionais conhecimento de ponta, suas atividades posteriores se voltaram para o tratamento do trauma, para o estudo de processos conscientes e inconscientes em grupos e para um esforço importante e influente na psicologia do desenvolvimento. O trabalho da Clínica Tavistock com o luto perinatal apresentou aos médicos uma nova compreensão da experiência do óbito fetal e propiciou o desenvolvimento de novas estratégias de apoio a mães, pais e familiares enlutados. O desenvolvimento de um modelo sistêmico de psicoterapia nos anos 1950 e 1960 com enfoque na interação entre crianças, mães e pais e nas próprias famílias formou um corpo substancial de conhecimentos teóricos e de técnicas terapêuticas empregados na qualificação e na pesquisa em terapia familiar realizadas pela Tavistock.

A coleção Entendendo seu Filho ocupa um lugar importante na história da Clínica. Em inglês, teve três edições completamente diferentes: nos anos 1960, nos anos 1990 e nos anos 2000. Em cada uma, os autores se valeram de suas experiências clínicas e especializações para refletir sobre a história extraordinária do "crescimento comum", tal como observada e vivida na respectiva época. A sociedade passa por mudanças, é claro, e o mesmo aconteceu com esta coleção à medida que procurou compreender os relatos cotidianos sobre as formas como a criança em desenvolvimento interage com a mãe, com o pai, com os cuidadores e com o mundo de modo mais amplo. Porém, nesse cenário em mutação, algo vem se mantendo constante - certo entusiasmo permanente com uma visão do desenvolvimento que reconhece a importância de sentimentos e emoções intensos vividos em cada estágio do crescimento.

Até aqui, cada volume foi dedicado a um ano de vida. Este é o primeiro a reunir dois anos de desenvolvimento e a considerá-los como um todo em sua complexidade.

Ao se concentrar nas crianças de quatro a cinco anos, este livro registra as mudanças que acontecem quando elas começam a explorar os relacionamentos para além da família e do universo das amizades. Nessa idade, as crianças também demonstram curiosidade intensa sobre o mundo que as rodeia, o que pode se mostrar uma fonte de alegrias e ao mesmo tempo de exaustão. Lesley Maroni dá uma descrição vívida das crianças nesse importante estágio de desenvolvimento e apresenta ideias acessíveis a mães e pais e aos profissionais que trabalham com as famílias.

JONATHAN BRADLEY é psicoterapeuta infantil e coordenador-geral da coleção Entendendo seu Filho.

ENTENDENDO SEU FILHO DE QUATRO A CINCO ANOS

INTRODUÇÃO

O objeto deste pequeno livro é tentar imaginar a vida das crianças de quatro a cinco anos do ponto de vista delas, à medida que vão gradualmente se distanciam do apego apaixonado à família e se voltam para o mundo exterior da escola e das relações com outras pessoas.

A atenção principal nessa idade está nos relacionamentos, e sobretudo nos relacionamentos com adultos. Em outras palavras, como as pessoas se juntam? Como a mamãe e o papai se juntaram? Onde eu me encaixo nisso? Para que possa formar as próprias amizades, a criança de quatro a cinco anos precisará ter ultrapassado o desejo de manter um relacionamento exclusivo com a mãe ou com o pai, de modo a abrir espaço para o outro adulto da família como parte do que se transformará num relacionamento triangular. É assim que a criança desenvolve um senso de si mesma como alguém separado, mas ligado ao casal parental. Quando há apenas uma mãe ou um pai, a criança simplesmente trabalhará com mais afinco para incorporar a ideia de um terceiro elemento e fará inúmeras perguntas sobre o adulto ausente para tentar entender o que aconteceu.

Uma mãe solo ou um pai solteiro podem, claro, desempenhar mais de uma função - isto é, a mãe pode descobrir dentro de si uma voz mais firme e revestida de autoridade, assim como o pai pode mostrar um lado mais sensível quando necessário. Hoje em dia, a família composta de mãe, pai e crianças é com frequência transformada por separações e divórcios. Novas famílias podem ser acrescidas de padrasto e madrasta que venham acompanhados de filhos. Novos bebês podem nascer e incluir meias-irmãs e meios-irmãos ao grupo, que se transforma assim num sistema familiar estendido e ainda mais complexo. Uma análise que considere todas essas diferentes permutações mudaria completamente o propósito deste livro e, por isso, usarei a família biparental como modelo.[1]

De certo modo, essa faixa etária é precursora do que nos espera nos anos da adolescência, em termos da luta para equilibrar, de um lado, a necessidade de cuidado e de atenção parentais e, de outro, o desejo por mais independência. A criança de quatro a cinco anos começa a olhar para fora à medida que estabelece relacionamentos com crianças da mesma idade, mas também quer poder voltar para a mãe para ser reconfortada.

Um dos aspectos mais encantadores das crianças desse grupo etário é a curiosidade infinita quanto ao mundo e ao desejo de entender o lugar que ocupam. Esse é um tempo de perguntas: de onde vim? Por quê? Como? Perguntas que às vezes quase levam a mãe e o pai à loucura (e que testam os conhecimentos deles sobre o mundo). "Mas *por que* o céu é azul?", um menino de quatro anos perguntou várias vezes ao longo de alguns meses. A mãe, depois de muitas respostas ponderadas, acabou por dizer, exasperada: "Porque sim, é por isso!". A criança então passou a outras questões similares, a maior parte delas sem resposta, como: "Onde está Deus?".

A criança também está começando a sentir empatia ou, em outras palavras, a se colocar no lugar dos outros e imaginar como estão se sentindo. Essa capacidade de sentir consideração por outras pessoas e de se importar com os sentimentos alheios é um grande marco no desenvolvimento infantil. Ao ouvir que o irmão

---

1 Para uma crítica ao modelo de biparentalidade, ver a nota da edição brasileira na p. 7. [N.E.]

mais novo de uma amiga havia acidentalmente se trancado no banheiro, uma menininha disse: "Ele deve ter ficado muito assustado quando o papai dele não conseguiu abrir a porta". No entanto, quando se trata de irmãos, a capacidade de saber "ler" ideias e emoções caminha de mãos dadas com o conhecimento exato de como infernizá-los e de quais coisas os deixam mais irritados!

É claro que essa também é a idade em que as primeiras grandes transições acontecem: antes, ir para a creche ou para um grupo de recreação era uma escolha; agora, a escola passa a ser uma exigência legal. O aprendizado torna-se mais formalizado, ainda que o "trabalho" e o brincar se misturem na educação infantil. Algumas crianças, quando não se sentem muito confortáveis socialmente, lidam com a ansiedade desenvolvendo sua capacidade intelectual. Outras florescem em todas as áreas. Mas a maior parte ficará em algum ponto intermediário, às vezes se sentindo deixada de lado e rejeitada, outras vezes ficando bem no centro de tudo. As crianças precisam aprender a compartilhar a atenção dos professores; assim também aprendem que não são as únicas que importam.

As amizades se traduzem em laços mais estáveis e mais fundamentados em experiências conjuntas. Quando a criança muda de um ciclo para outro na escola – mesmo que isso seja simplesmente o fim da creche e o ingresso na educação infantil na mesma instituição –, pode ser vantajoso ter amizades firmes que a acompanhem nessa jornada. É importante que nos sintamos conhecidos e aceitos por outras pessoas além daquelas de nossa família. É notória a alegria no rosto da criança quando encontra um amigo no parquinho ou seu desespero quando o amigo não está lá.

E todas as crianças dessa idade têm uma coisa em comum: o desejo de explorar seu mundo em expansão.

1

VIDA EM FAMÍLIA

A VIDA EM CASA

"Olha o que eu consigo fazer!"

As oscilações das crianças de quatro a cinco anos podem facilmente nos pegar de surpresa: ora o desejo de exibir suas habilidades recém-conquistadas e sua independência cada vez maior, ora regressões súbitas para um estado mais infantil, em que o polegar volta para a boca e a competência parece ter saído voando pela janela. Alistair, que tinha quatro anos e nove meses, ilustrava bem essa situação quando, todas as manhãs, ao voltar da escola, ia até o computador da família e tentava usar um programa de matemática que, na verdade, era difícil demais para ele. "Olha o que eu consigo fazer!", exclamava, alegre, quando acertava alguma conta. Isso era logo seguido de um "Agora estou entediado" para esconder o fato de que ainda não era capaz de fazer somas complicadas. Daí, chupando o dedo com força, Alistair se aninhava no colo da mãe como se precisasse recuperar um lugar em que não teria que ser "esperto" nem um "menino crescido". Ele poderia ser apenas o bebê da mamãe até que estivesse pronto de novo para sair correndo e descobrir coisas novas.

Crianças dessa idade ficam tão exaustas após um dia de escola que, quando chegam em casa, podem se mostrar bastante irritáveis. Mães e pais talvez fiquem perplexos com os elogios recebidos pelo comportamento exemplar da filha fora de casa, já que, ali dentro, ela é exatamente o oposto. Uma mãe exasperada diante de uma crise de choro e birra se perguntará por que a filha por vezes se mostra incapaz de se comportar perto dela. Mas é somente em casa que a criança se sente segura o bastante – e amada o bastante – para deixar que esses sentimentos mais negativos aflorem. Talvez ela tenha experimentado sentimentos intoleráveis de que era pequena e boba, sentimentos que teve de controlar o dia inteiro. Essa filha também está testando a capacidade da mãe de tolerar esse seu lado menos agradável e manter a firmeza dos limites sem retaliar. As crianças são muito boas em despertar na mãe e no pai sentimentos bastante evocativos do "eu" de quatro ou cinco anos dos próprios adultos. Isso acontece porque, não importa a idade, emoções primitivas podem disparar reações primitivas em todos nós. Depois de provocações reiteradas de David, seu filho de quatro anos, Christine ficou espantada em se ver batendo os pés e gritando com ele, dizendo que não faria determinada coisa, de que não faria de jeito nenhum, "Não! Não! Não!" - num espelhamento do comportamento do filho.

Pode ser bastante útil continuar em contato com a sensação de ser uma criança dessa idade, já que isso ajudará mães e pais a se colocarem no lugar da filha. Christine também se lembrou de como amava se aconchegar no sofá com a mãe para que ela lesse uma história. Então fez a mesma coisa com o filho, que gostou tanto quanto ela havia gostado no passado.

O RELACIONAMENTO COM OS PAIS

"O papai vai ficar muito bravo."

Esse é o momento em que as crianças começam a se afastar de seu relacionamento intenso com os pais e a estabelecer relações diferentes, mas às vezes igualmente intensas, com amigos ou mesmo professores. O pequeno Ben, de quatro anos, voltou da escola um dia e disse à mãe: "Queria poder ter duas mamães, você e a sra. Wright". Quando ela lhe perguntou do que ele gostava tanto na professora, Ben, tímido, sussurrou: "Às vezes ela deixa eu sentar no colo dela quando está lendo histórias pra gente". O menino havia ficado bastante ansioso com a transição para a escola e sentiu muita dificuldade em se separar da mãe no portão. A sra. Wright, uma mulher robusta de aspecto maternal, ficou nitidamente atenta a essa dificuldade de Ben e ofereceu aquilo de que a criança estava sentindo tanta falta: o sentimento de estar nos braços da mãe.

É fácil nos vermos numa situação em que o pai se torna o estipulador de regras enquanto permite que a mãe seja a cuidadora gentil e reconfortante. Às vezes, as próprias mães acham difícil reconhecer as partes de si mesmas que podem ser mais estritas e firmes e preferem atribuir essas qualidades ao pai. Paul, de quatro anos e meio, estava batendo um carrinho contra o outro. A mãe, com a fórmula já consagrada pelo tempo, disse ao menino que parasse, porque "o papai vai ficar muito bravo se você continuar a bater os carrinhos". A irmã de Paul, que estava escutando, de repente ficou toda molenga e desabou no chão. A mãe voltou a atenção para a filha enquanto a tomava nos braços e, com genuína preocupação, disse: "Ah, pobrezinha" e acariciou o rosto da menina com gentileza. Paul voltou a bater os carros, ainda mais forte do que antes. Foi só nesse momento que a mãe conseguiu reaver a própria braveza e encontrar uma voz firme o bastante para dizer a Paul que parasse, sem para isso precisar do pai. O menino parou. A mãe obviamente se sentia mais confortável no papel tradicional de quem oferece conforto, como havia demonstrado com a filha, mas naquele momento conseguiu encontrar dentro de si uma voz mais firme, que foi convincente sem ser punitiva. Como parou o que estava fazendo, está claro que Paul foi persuadido por ela.

É comum que mães de menino digam que "ele sempre ouve o pai" e que "não sei o que acontece; quando falo para fazer alguma coisa, sou ignorada, mas, assim que o pai manda, ele se levanta na hora". O pai pode ajudar a criança a ir além do par da relação original mãe-bebê rumo a um relacionamento diferente que envolva três pessoas. Quando tudo corre bem, também o pai transmite uma mensagem clara de que o filho não tomará o lugar dele como parceiro da mamãe – não importa o quanto a criança fantasie com isso e que procure formas de se colocar entre o casal. As crianças precisam de pais ou de mães que apontem os limites com clareza. A seguir, Sammy, de quatro anos, fala sobre uma caixa de papelão que ele e o pai transformaram num carro, alguns dias antes:

> Sammy corre até o carro e o arrasta até a mãe. "Quem pintou as rodas, Sammy?", pergunta a mãe. "Você", responde Sammy. "Não, não fui eu." "O papai?", tenta adivinhar Sammy. "Não." "Fui EU!", diz Sammy, rindo. "Foi mesmo *você*", reforça a mãe. "E quem fez o volante?" "Eu?", fala, esperançoso, Sammy. "Não, foi o..." "PAPAI!", grita Sammy. E, depois, em voz baixa: "Todo mundo precisa de um papai". E acrescentou rápido, olhando para a mãe: "E de uma mamãe também". A mãe o abraçou.

Quando diz esperançoso que o volante havia sido feito por ele, Sammy demonstra o desejo de ser grande e de estar no controle – de fato, no controle do volante do carro. Contudo, a hesitação em sua voz também mostra que o menino tem dúvidas sobre ter mesmo essa capacidade. A alegria ao lembrar que quem faz isso é o pai suscita um sentimento de gratidão e o reconhecimento de que a criança ainda precisa de um papai que a ajude a crescer. Como essas limitações foram reconhecidas pelo próprio Sammy, ele não se sentiu humilhado por ser pequeno. Esse também é um exemplo de duas pessoas que se unem – Sammy e o pai –, nesse caso para criar algo novo, o que é um tema central no mundo das crianças de quatro a cinco anos. Discutiremos isso de forma mais aprofundada adiante.

Amanda tinha mais dificuldades do que Sammy em reconhecer a própria pequenez, assim como sua consequente falta de poder sobre a mãe e o pai. Ela tentava ficar entre os dois para impedir que se beijassem ou que demonstrassem afeição física. Às vezes fazia isso de modo direto, falando "Eca!", às vezes de forma menos explícita, colocando-se em lugares perigosos: subia no peitoril da janela ou nas costas do sofá e dava a impressão de que estava prestes a cair – o que, é claro, fazia a mãe e o pai correrem para "resgatá-la". Amanda era um caso extremo de ciúme, e isso se devia em parte ao nascimento de seu irmãozinho alguns meses antes. Para Amanda, o beijo da mamãe e do papai significava mais bebês, o que deveria ser evitado a todo custo. Ela estava dolorosamente ciente tanto do casal mãe-pai, que despertava sentimentos de rivalidade contra a mãe, como do casal mãe-bebê, que faria a atenção da mãe se afastar dela. "Mas e eu?", ela parecia dizer.

Há muitas crianças como Amanda, que costumam pensar que seriam parceiras muito melhores para o pai ou a mãe. Trata-se, é claro, apenas de fantasia, e tanto meninos como meninas precisam de limites firmes que os lembrem de forma delicada dos lugares que ocupam como crianças. Crianças pequenas podem se comportar de forma bastante sedutora quando os pais estão por perto. Foi o que Emily, de quatro anos, mostrou um dia em que a mãe estava fora e o pai tomava conta dela: "Pai, pai! Olha para mim! Olhe o que eu sei fazer! Olha, pai, estou andando de ponta-cabeça. E olha agora! Consigo abrir espacate!". O pai respondeu com um elogio à filha e, depois, sugeriu que ela também mostrasse todas aquelas coisas quando a mãe voltasse. Isso chamou a atenção de Emily para o fato de que ali havia um casal parental capaz de celebrar em conjunto as conquistas da filha e, ao mesmo tempo, garantiu que sua fantasia inconsciente (isto é, algo em que Emily não pensava conscientemente, mas que existia nas camadas mais profundas da mente dela), a fantasia de se livrar da mãe para que o pai fosse só seu, nunca se tornaria realidade.

Ainda que isso possa ser simplesmente uma forma de pensamento mágico, e não uma crença real, algumas crianças continuam a acreditar que têm o poder de controlar as ações dos adultos. Olivia, que tem cinco anos e é filha única, anunciou enquanto brincava com a boneca: "Meu papai quer que minha mamãe tenha outro bebê, mas *isso* não vai acontecer de jeito nenhum!". É difícil saber se ela pensava que de algum modo conseguiria mesmo impedir a mãe e o pai de criarem um rival para ela ou se só não era capaz de suportar a possibilidade de isso acontecer. Ela já tinha vivido cinco anos como filha única. Assim como no caso de Emily, parecia existir um sentimento secreto de que Olivia seria uma parceira melhor para o papai e que, caso algum bebê aparecesse, o papai deveria dá-lo para ela, e não para a mamãe. Afinal de contas, veja como ela cuida bem da boneca!

Os cinco anos são a idade em que as crianças tradicionalmente deixam de lado esses sentimentos intensos pela mãe ou pelo pai para conseguirem se concentrar nas questões do aprendizado e da aquisição de conhecimentos sobre o mundo exterior. Esses sentimentos só voltarão à superfície durante a puberdade, mas isso já é outra história.

RIVALIDADE ENTRE IRMÃOS

"Ele pegou meus doces! Eu odeio ele!"

Irmãos podem demonstrar sentimentos incrivelmente agressivos e hostis um pelo outro – assim como sentimentos de lealdade e amizade. Ninguém melhor do que eles para se provocarem até o ponto de explosão. Charlotte, de quase seis anos, estava brincando contente com o irmão Toby, de quatro anos, até que o menino, com um sorriso travesso, a distraiu a fim de roubar o pacote de doces que estava ao lado dela. Quando percebeu, Charlotte pulou da cadeira para pegar o pacote, mas Toby o agarrou com firmeza e lhe deu um chute na barriga da irmã. Com a mão na barriga, a menina chamou o pai aos berros. Quando ele apareceu e mandou Toby devolver o pacote de doces, o menino obedeceu, mas não sem antes pegar um dos doces e levá-lo à boca bem devagar, de propósito, ainda sorrindo de modo bastante provocador. Charlotte berrou de novo. Um pouco mais tarde, os dois irmãos foram brincar no quintal. Ambos subiram na gangorra e, por algum tempo, se divertiram vendo quem conseguia fazer o outro chegar mais alto. Mas Toby se cansou e tentou sair, fazendo Charlotte perder o equilíbrio e cair. "Menino idiota!", disse ela e bateu no braço do irmão. Toby revidou com um empurrão, e depois os dois começaram a se engalfinhar e a usar braços e pernas para derrubar um ao outro. Toby conseguiu escapar e se virou para pegar uma vareta de bambu, que então apontou ameaçadoramente para Charlotte. "Não faz isso, Toby!", gritou Charlotte, que correu para casa, berrando: "Mamãe! Mamãe!".

Nesses dois episódios, irmão e irmã brincavam de forma colaborativa até que um deles fez algo que deixou o outro irado. As coisas se agravaram de tal modo que, em dado momento, parecia que realmente eles podiam acabar se machucando. É interessante que, no primeiro caso, o pai tenha sido chamado para resolver as coisas e, no segundo, a mãe tenha sido invocada como protetora.

William, que estava na educação infantil, agia como um pequeno líder e mandava nas outras crianças, mas um dia caiu e fez um corte feio no joelho. Enquanto esperava por um curativo, o menino começou a falar de sua "irmãzinha" de dois anos, Katy, contando como ela era travessa. William narrou uma longa história sobre uma torneira quebrada no banheiro, dizendo que por causa disso a mãe precisava encher um jarro para dar banho nos filhos. Katy derrubava toda a água no chão. "E ela puxa meu cabelo e estraga meus brinquedos." Quando perguntaram como ele reagia diante disso, William disse que simplesmente ia para o quarto e ali permanecia "para ficar longe dela". Talvez fosse por isso que William precisava impor sua autoridade às outras crianças. Era nítido que ele se sentia indefeso diante das "travessuras" da irmã. Também parece que ele pôde expressar seu ciúme e sua raiva contra a irmã num momento em que estava machucado e precisava da mãe, que, no entanto, estava com Katy. "Não é justo!", disse o menino. "Por que ela pode ficar em casa com a mamãe se é tão levada? Eu odeio ela!". Seu rosto estava banhado em lágrimas e, de tempos em tempos, o menino abafava alguns soluços enquanto falava. No entanto, assim que recebeu o curativo e a dor diminuiu, William pareceu esquecer as queixas contra a irmã e voltou a brincar contente.

Crianças como William só se lembram do ciúme em relação a irmãos mais novos quando elas mesmas se veem de novo num estágio em que sentem necessidade da atenção da mãe. Nessas ocasiões, a raiva por não terem uma mãe que seja exclusivamente delas é amplificada, mas, como vimos com William, assim que se veem prontas para voltar a ser uma criança de cinco anos, o ciúme é esquecido e elas recuperam um senso de si mais focado na curiosidade e na vontade de explorar. Katy poderia continuar a ser um bebê bobo - William era o irmão mais velho que conseguia fazer várias coisas que estavam fora do alcance dela.

O caso de Zoë era diferente. Ela era dominada pelos sentimentos em relação à irmãzinha, de quem sentiu ciúme desde o nascimento, quando tinha três anos e meio. Por todo aquele tempo, a mãe havia sido só dela - o pai estava no exterior prestando serviço militar -, e o nascimento da irmã foi um choque que Zoë não conseguiu assimilar muito bem. Contudo, a menina encontrou uma forma de lidar com seus sentimentos sem nunca ter de revelá-los e que, no lugar disso, reforçava a ideia de que ela era a irmã mais velha boa e responsável. Para tanto, Zoë incitava Rachel, a irmã mais nova, a ser cada vez mais levada, e depois ficava longe, com ar de superioridade, enquanto a mãe dava bronca em Rachel. Uma vez, quando a bebê tinha um ano e meio e estava comendo sentada no cadeirão, Zoë a incentivou a derrubar a comida do prato e a jogá-la no chão - tudo isso durante alguns minutos em que a mãe esteve ausente da sala. Na volta, a mãe encontrou Rachel rindo de alegria, a comida espalhada pelo chão e pelas paredes e a irmã mais velha ao lado, de braços cruzados e com cara de muita indignação. “Ela é levada, não é, mãe?”, disse Zoë, enquanto a mãe gritava irritada com Rachel. Zoë manteve essa posição de ser a irmã mais velha boa e capaz até o primeiro ano de escola, e isso afetou a forma como travava amizades. Ela desenvolveu uma falsa competência que a levou, por exemplo, a insistir em amarrar os cadarços de todas as crianças, habilidade que adquirira bastante cedo. Rachel podia ser a irmã levada, suja, bagunceira e sempre encrencada. Zoë se manteve identificada com a mãe e, quando começou a ir à escola, também com a professora, que ajudava todas as crianças a fazerem coisas que Zoë já havia aprendido. A professora considerou esse comportamento bastante preocupante, mas ficou aliviada quando viu um lado de Zoë que era bem menos competente.

Assim como aconteceu com Zoë, o nascimento de uma irmã pode levar a uma desilusão aguda. A criança terá de aceitar o fato de que não é mais a única na vida da mãe, a quem terá de aprender a compartilhar - assim como, mais tarde, terá de compartilhar os professores da escola. Na cabeça da criança, sempre resta a dúvida: haverá espaço e amor suficientes para duas ou mais pessoas? Durante esse estágio importante de desenvolvimento, a criança de quatro a cinco anos precisará aceitar que a mãe não é exclusivamente dela, mas tem outros relacionamentos que abarcam pai, irmãos e também amigos. Caso se sinta amada o suficiente, ela começará a reconhecer a possibilidade de ter os próprios relacionamentos fora da família. Haverá momentos, no entanto - e especialmente quando estiver se sentindo ansiosa -, em que a criança desejará voltar mais uma vez a ser a única.

BRINCADEIRAS COM A IMAGINAÇÃO

> "Estou fazendo de conta que estou sozinho no mundo."

Aos cinco anos, a criança começa a abrir mão de expor abertamente os sentimentos que têm pela mãe e pelo pai e que, até esse momento, vinham se expressando de modo tão intenso em meninos e em meninas por meio de ideias como: "Quando crescer, vou me casar com a mamãe". Agora, a imagem concreta da mãe ou do pai será sobreposta por todo tipo de sentimento diferente que o adulto tenha suscitado desde que a criança era bebê. Isso proporcionará uma imagem complexa da mãe e do pai, que será absorvida pela criança. Às vezes, no entanto, essa imagem pode ser muito diferente da realidade, e nem sempre próprios adultos conseguem reconhecê-la quando vem à tona. Muitas mães e pais já viram a filha fingir ser uma mamãe, por exemplo, mas encenando uma versão muito mais severa do que a da vida real.

A popularidade universal dos contos de fadas se deve em parte ao fato de ser muito evidente nessas histórias o tema de mães e pais malvados ou que falham em proteger as filhas. Pensemos na terrível mãe/madrasta que manda os filhos para longe em "João e Maria". Na versão original, a mulher é a mãe das crianças, mas, talvez por ser assustador demais para adultos e crianças contemplarem tamanha impiedade numa mãe de verdade, as versões posteriores costumam retratá-la como madrasta. Essas mães e esses pais fictícios e aterrorizantes se tornam seguros ao serem contidos pelas páginas dos livros. Isso permite que a criança explore medos internos causados pelos sentimentos de raiva e hostilidade - reais e imaginados - que emanam desses adultos, além da própria raiva e hostilidade que dirige a eles. Ninguém gosta de pensar que pode ter dentro de si sentimentos tão homicidas contra pessoas tão amadas e, quanto mais esses sentimentos puderem ser encenados em brincadeiras de faz de conta, mais a criança sentirá que eles podem ser contidos e se tornar seguros.

Lewis, de quatro anos, estava brincando em casa com uma coleção de trenzinhos. Ele começou a encenar uma das histórias do desenho *Thomas e seus amigos* com as locomotivas. Entretanto, a história logo se voltou para o tema específico de um pai frio e controlador que, Lewis imaginava, iria puni-lo com severidade por suas travessuras. O menino empurrou as locomotivas para dentro de um túnel. Depois, foi até um armário e pegou alguns blocos de montar. Os blocos foram usados para bloquear a entrada do túnel. Lewis disse que "Henry" era muito levado e, por isso, precisaria ficar ali por um longo tempo. "Henry levado!", exclamou. Lewis por fim deixou Henry sair do túnel, mas, então, fez com que colidisse com outra locomotiva, que descarrilou. "Oh, não! O que o Controlador vai dizer? Ele vai ficar muito, muito, muito bravo. Ele vai pôr Henry de volta no túnel para todo o sempre!".

Parecia que Lewis estava tentando entender o que aconteceria com ele caso fosse muito levado, o que, aqui, é representado pela colisão deliberada entre dois objetos e o deslocamento provocado sobre o segundo. Pode ser que isso tenha revelado o desejo de Lewis de deslocar o pai, de "fazê-lo descarrilar", para que conseguisse ser o único diante dos olhos da mãe, mas a punição aplicada por esse desejo foi realmente severa. Na verdade, com a brincadeira Lewis estava criando imagens para um comportamento bom e um comportamento mau. Até onde conseguiria levar seu mau comportamento antes de ser interrompido pelo pai, retratado na brincadeira como o Controlador, que o puniria? Mas observemos o excesso na punição - ser banido para todo o sempre -, que não dá espaço para que Lewis seja perdoado ou consiga consertar as coisas. Para as crianças dessa idade, mães e pais podem ser figuras de poder e autoridade imponentes e, às vezes, assustadoras. O simples fato de pensar algo ruim sobre a mãe ou sobre o pai pode incitar nelas uma culpa desproporcional.

Além de se sentirem culpadas por entrarem em contato, em alguns momentos, com o desejo profundo de se livrarem da mãe ou do pai para deixar o campo livre para elas, também é frequente que as crianças temam que os adultos morram e as deixem sozinhas e abandonadas. James era uma criança de cinco anos muito ansiosa, que se preocupava demais com o estado de saúde da mãe. O pai não estava por perto para assumir o papel de protetor. Essas preocupações se refletiam com frequência em suas brincadeiras. Um dia, James montou uma nave espacial com duas cadeiras viradas para baixo. Depois, ele se arrastou para dentro e ficou sentado, quieto, com ar abatido. Quando outra criança perguntou o que estava fazendo, ele respondeu: "Estou fingindo que estou sozinho no mundo e que minha mamãe morreu".

Nessa idade, o brincar e o trabalho estão entrelaçados. Nos dois exemplos mencionados anteriormente, podemos notar como questões reais são exploradas com o uso da segurança protetiva do faz de conta e da imaginação. Foi Henry quem fez a travessura e precisou ser punido, e não Lewis. Os sentimentos de James estão menos escondidos, mas, ainda assim, ele só foi capaz de expressar seus medos reais quando fingiu estar numa nave espacial, talvez porque assim pudesse "decolar" se os sentimentos saíssem do controle.

A IDENTIDADE DENTRO DA FAMÍLIA

"Eu sou diferente. Eu sou eu!"

A maioria das mães e dos pais concorda que, tão logo nasce, a criança já tem certas características únicas. Há o assim chamado bebê plácido e "fácil" e há o extremo oposto, o bebê que, desde os primeiros dias, não para de chorar. Isso afetará o modo como mães e pais se relacionam com a criança e começam a conhecê-la. É claro que, em comparação com os casos em que a criança responde com prazer e alegria ao contato com os adultos, será mais difícil com a bebê que é do tipo que parece impossível de ser apaziguada e faz quem cuida dela se sentir um fiasco. No entanto, conforme a criança vai crescendo, sua identidade muda e se desenvolve - assim como o relacionamento da mãe e do pai com ela à medida que todos forem encontrando uma forma de achar seu lugar numa composição familiar em constante mudança. Muita coisa também dependerá da posição da criança na família, isto é, se já há outros irmãos mais velhos, se ela será a primeira de outros bebês ou, ainda, se será filha única. Chegados os quatro anos, muitas crianças já precisarão ter se adaptado ao nascimento de uma nova bebê, e a forma como lidam com isso dependerá muito da diferença de idade entre ela e a bebê e do relacionamento que teve até aquele momento com a mãe e o pai. Uma criança de quatro anos conseguirá lidar melhor com um irmãozinho ou irmãzinha do que uma criança de dois anos, já que, aos quatro, terá desenvolvido uma noção mais clara da própria identidade. Mesmo assim, ela pode achar difícil atender às expectativas de que seja "crescida" para que a mamãe possa direcionar toda a atenção à nova bebê. Em vez de se mostrar crescida, pode regredir e mostrar comportamento mais infantil por algum tempo.

Em certo sentido, talvez ser a irmã mais nova seja uma opção mais fácil, já que, nesse caso, não é necessário fazer esse ajuste enorme - o irmão ou a irmã mais velha já estará lá desde o começo. Além disso, mães e pais não serão tão inexperientes e tenderão a cuidar da criança com maior naturalidade. Mas ser a segunda filha também pode ter seus problemas, porque sempre haverá alguém que chegou primeiro e que, como parecerá à mais nova, consegue fazer tudo melhor. Os problemas de ter uma irmã mais velha são muitas vezes compensados pelos benefícios de ter alguém presente para ajudar no desenvolvimento da linguagem e começar a ensinar como compartilhar e brincar - além de, às vezes, ser alguém com quem se unir contra a mãe e o pai!

O amor e a afeição mútuos entre irmãos segue lado a lado com explosões ocasionais de ódio e hostilidade. Mas onde mais as crianças aprenderão a lidar com esses sentimentos de rivalidade e competitividade - e às vezes de puro ódio - senão no ambiente seguro da casa? Essas experiências desempenham um papel importante em proporcionar-lhes boa fundação para lidar com as rivalidades inevitáveis que aparecerão mais tarde na escola.

Filhas únicas terão mais dificuldade em lidar com esses sentimentos quando depararem pela primeira vez com figuras equivalentes a irmãs e irmãos no parquinho, por exemplo. Elas podem ficar bastante surpresas com a força e a crueza das emoções que as outras crianças demonstram, sobretudo quando em dado momento testemunham brigas amargas entre colegas que, instantes mais tardes, brincam contentes, como se nada tivesse acontecido.

Molly, uma criança de cinco anos que era filha única, fez uma pintura "para animar" a mãe. Quando lhe perguntaram se a mãe estava triste, Molly respondeu: "Sim, muito triste, mas, se eu pintar para ela, ela vai ficar feliz de novo". Conversas posteriores revelaram que Molly pensava que a mãe estava triste porque tinha que trabalhar duro todos os dias, mas que seria capaz de deixá-la feliz quando chegasse em casa caso fizesse algo gentil e que, como Molly disse, conseguisse até mesmo "fazê-la rir de novo". Como esse exemplo nos mostra, é comum uma filha única se sentir excessivamente responsável pelo estado emocional da mãe ou do pai. Afinal de contas, não há irmãs ou irmãos para compartilhar esse fardo.

Às vezes, mães e pais só conseguem enxergar a filha de um único modo, e a criança se torna, por exemplo, a esperta, a levada, a quieta ou a dramática. O peso das expectativas, sejam negativas ou positivas, pode ser difícil para ela. Também pode ser algo que se perpetue conforme a criança passe a acreditar que não há espaço para desenvolver outras partes de seu caráter. Uma mãe, há muito tempo crescida e agora com dois filhos, percebeu que estava voltando a ser "difícil" e "malvada" sempre que tinha contato com a irmã mais nova – que desde os dois anos era considerada a "filha boazinha" da família. A mesma coisa aconteceu entre Dan, de cinco anos, e o irmão mais velho, Ed. Dan deixava bem claro que queria que o irmão fosse o filho difícil e ficava contente sempre que o pegava fazendo alguma "travessura" que lhe renderia uma bronca da mãe. Nessas ocasiões, ele sentia que era um bom menino e que a "mamãe vai me amar mais". Dan temia uma parte de si mesmo capaz de se comportar como Ed e, por isso, passou todos os sentimentos ruins para o irmão, para não ter de lidar mais com eles. Esse modo de funcionar não era muito saudável para nenhum dos irmãos, sobretudo para Dan, que, quanto mais rejeitava seu lado raivoso, mais dificuldades encontrava em se sentir seguro caso "não fosse bom". Felizmente, no entanto, cisões tão extremas não são comuns.

Charlotte e Toby, os irmãos que brigaram pelo pacote de doces no começo deste capítulo, eram rotulados não por estereótipos emocionais, mas intelectuais. A mãe deles estava bastante ciente daquilo que chamava "diferença entre menino e menina" no que se referia à aptidão acadêmica. Charlotte, dizia ela, já sabia ler quando tinha a idade do pequeno Toby. A mãe também achava que a fala de Toby havia sido ligeiramente atrasada se comparada à de Charlotte. O filho, contudo, conseguia se concentrar por mais tempo e era bom em matemática. E, para a surpresa da mãe, Toby era uma criança carinhosa e afetuosa, que se moldava ao corpo dela quando vinha receber um abraço, enquanto Charlotte era mais angulosa e difícil de abraçar. A mãe aceitou essa diferença entre os dois e a considerou parte da individualidade e da identidade de cada filho.

Penso que a mãe de Lewis, de quatro anos, que conhecemos mais cedo brincando com os trens, sintetiza isso bem quando descreve uma memória muito vívida de si mesma, aos quatro anos, na cozinha. Ela estava fingindo ser uma dançarina de balé, mas tropeçou. Quando a mãe a ajudou a levantar e a reconfortou, disse à filha: "Você é igualzinha a mim, sempre tropeçando nas coisas". A mãe de Lewis lembra de ter pensado: "Eu *não* sou igualzinha a você. Eu sou diferente. Eu sou eu!".

DESENVOLVIMENTO EMOCIONAL

"Eu queria escorregar sozinha."

Assim como a bebê, a criança de quatro a cinco anos também precisa de uma mãe (ou de um cuidador principal) que entenda seus estados emocionais e a ajude a torná-los toleráveis. Mesmo que agora consiga se expressar com a linguagem, ainda haverá momentos em que ela se sentirá sobrecarregada por sentimentos dos quais não dará conta sozinha. Mas os pais nem sempre acertam e de vez em quando as coisas vão dar errado, fazendo a filha sentir que ninguém consegue entendê-la. Não é incomum ver crianças de quatro anos terem ataques intensos de birra idênticos aos da criança de dois anos – faixa etária que, não muito tempo antes, ela ainda ocupava. E é provável que se sinta bastante assustada ao se ver tão fora de controle.

Se a criança é capaz de transmitir para nós como está se sentindo nesse momento em particular e é capaz de se mostrar furiosa com o mundo, é porque se sente segura em expressar essas sensações difíceis, mesmo que consideremos esse comportamento enlouquecedor. Ela pode se agarrar ao fato de que é suficientemente amada e de que, apesar da raiva que está sentindo, continuará a ser amada. Ela não conseguirá estragar um relacionamento que, na essência, é bom.

Jade, de quatro anos, estava brincando em um escorregador dentro de casa com a irmã de seis anos, que lhe deu um empurrãozinho nas costas quando ela estava prestes a escorregar. Jade gritou, chegou ao chão e, então, desmoronou e continuou a dar berros e soluços de fúria. Essa reação foi bastante desproporcional ao leve empurrão que havia recebido. A mãe entrou na sala para ver o que havia acontecido e, em um primeiro momento, a raiva que Jade estava sentindo da irmã a impossibilitava de falar. Depois de se certificar de que Jade não estava fisicamente machucada, a mãe se esforçou bastante para adivinhar o que havia deixado Jade chateada, com várias perguntas, como: "Foi por causa de...?", "Você estava...?". Depois de algum tempo, Jade conseguiu recuperar a fala e, ainda aos soluços, disse com nitidez: "Eu não queria que Leanne me empurrasse. Eu queria escorregar sozinha". Leanne explicou, então, que sua intenção era ajudar a irmã a escorregar mais rápido. Com calma, a mãe pediu a Leanne que se desculpasse, e a menina obedeceu. Os gritos e soluços poderiam ter durado muito mais se Jade não tivesse sentido que sua mãe estava basicamente de seu lado e que tentara com afinco descobrir o que havia acontecido de errado.

Explosões de raiva e agressividade são muitas vezes a última coisa que mães e pais querem encarar no fim de um dia exaustivo. Mas as alternativas a isso são ou uma criança que enterra esses sentimentos bem fundo dentro de si, para não precisar mais senti-los - e podemos ver isso em crianças que são excessivamente educadas ou de uma doçura enjoativa -, ou uma criança que se livra de frustrações e da raiva "passando-as" para outras pessoas. Vimos como Dan não conseguia suportar a ideia de algum tipo de desobediência dentro de si e, assim, atribuía tudo o que tinha de mau ao irmão mais velho. Essa é uma estratégia comum usada pelas crianças para se livrarem de sentimentos insuportáveis. Uma criança que tenha sido provocada e perseguida na escola pode muito bem chegar em casa e começar a provocar e a perseguir os irmãos mais novos para sujeitá-los aos mesmos sentimentos terríveis que experimentou mais cedo. Será a vez de outra pessoa se sentir pequena e impotente; não precisa mais ser ela.

Algumas crianças que mantêm todos os sentimentos enterrados descobrem que, apesar dos bravos esforços para não os reconhecer, eles de algum modo acabam se manifestando em seu corpo. Dan, que estava tão determinado a permanecer bondoso e a fazer com que o irmão fosse o malvado, tinha problemas graves de constipação e, ao longo do dia, expelia muitos gases, o que gerava um cheiro forte. Emocionalmente, ele fazia muita força para se controlar e descarregava outros sentimentos no irmão Ed, de tal modo que isso produzia um efeito concreto em seu corpo. Dan ficava bastante aflito com o cheiro que emanava, já que era um lembrete constante dos sentimentos desagradáveis de que não conseguia se livrar. Quando finalmente ia ao banheiro, era extremamente doloroso para ele. Mas não era só a dor física que causava tamanha aflição; apesar de a mãe e o pai o reconfortarem afirmando o contrário, Dan parecia pensar haver algo tão destrutivo dentro de si que, se deixasse isso escapar, todos iriam ver como ele era mau. O menino acreditava que a mãe deixaria de amá-lo se visse as coisas horríveis que estavam dentro dele. Dan precisava de ajuda profissional para lidar com sentimentos muito conflitantes.

Sonhos e pesadelos são outra forma de as crianças processarem todos os sentimentos hostis que são mantidos à distância durante o dia. Alex era um menino bastante despreocupado e que parecia encarar tudo com tranquilidade. Tinha muitos amigos e estava se saindo muito bem na escola. Mas a hora de dormir era outra história; mostrava-lhe o quão ansioso havia se sentido mais cedo, ainda que ninguém pudesse perceber, por conta de seu comportamento alegre. Alex costumava ter pesadelos com acidentes de avião ou sonhava que era perseguido por homens raivosos. A mãe relatou como, certa noite em que o menino acordou gritando, foi difícil convencê-lo de que não havia um lobo de verdade sentado aos pés da cama, observando-o. Talvez o fato de a mãe ter voltado ao trabalho em tempo integral, agora que ele passava o dia inteiro na escola, tenha sensibilizado Alex ainda mais para a separação entre eles. O filho já não tinha mais a imagem clara do que a mãe estaria fazendo durante o dia enquanto ficava em casa, esperando-o voltar. Ter de se preocupar com a mãe e com o bem-estar dela num lugar que ele não conseguia imaginar deve ter amplificado consideravelmente sua ansiedade. Talvez ele também estivesse demonstrando a raiva que sentia por a mãe ter voltado ao trabalho, algo que não podia ser expresso de forma aberta diante de uma mãe amada, durante o dia, mas que entrava em erupção à noite. Um dos efeitos sem dúvida foi trazê-la para a beira de sua cama para reconfortá-lo e acalmá-lo no meio da noite.

Pode ser que, por volta dessa idade, de uma hora para a outra a criança desenvolva um medo excessivo de um objeto ou animal em particular. De certo modo, é mais fácil ficar apavorado com algo como uma aranha, que pode ser vista e tocada – ou, melhor ainda, não tocada, mas evitada –, do que sentir uma ansiedade e um terror que não têm como ser nomeados. Charles, de cinco anos, desenvolveu um medo de aranhas de modo bastante súbito. Parece ter surgido, segundo os pais, depois que o menino assistiu a um programa de televisão sobre animais, quando ele viu cenas bem próximas de aranhas tecendo teias. Charles viu o programa com a avó, com quem passaria a noite pela primeira vez. Na realidade, e ainda que não tenha demonstrado isso, Charles estava extremamente ansioso por ter de dormir numa cama estranha numa casa que não conhecia tão bem, e sem a mãe e o pai. O próprio Charles havia implorado para que o deixassem dormir ali, apesar de alguma relutância da parte da mãe e do pai. Quando, na manhã seguinte, ambos voltaram para buscá-lo, perceberam que o filho parecia mais quieto e mais abatido do que o normal. Ao voltar para casa, no carro, perguntaram se Charles havia gostado da estada, mas tudo o que o menino conseguiu contar foi que, quando a avó se inclinou para dar um beijo de boa-noite, sentiu os "pelos horríveis, pinicantes" do queixo dela. Para Charles, o beijo pinicante realçou a diferença entre a avó e a mãe, que dava beijos lisinhos. Isso, por sua vez, fez o menino ansiar pelo beijo de boa-noite habitual e enfatizou a separação entre ele e a pessoa que proporcionava esse carinho. Charles começou a imaginar que a mãe e o pai nunca mais voltariam ou que alguma coisa terrível aconteceria com eles. Essa ansiedade profunda se misturou aos "pelos horríveis, pinicantes" do queixo da avó, que, para ele, provavelmente guardavam alguma similaridade com as aranhas ainda mais peludas da televisão. Foi só alguns dias depois, diante de uma aranha real, quando começou a gritar incontrolavelmente, que a mãe e o pai perceberam a dimensão do medo, mas levou um pouco mais de tempo para que estabelecessem relação entre os dois eventos. Pode parecer extraordinário que a ansiedade pela perda da mãe e do pai tenha sido deslocada de modo tão dramático para um objeto de medo tão banal.

Todos nós temos formas de nos proteger de um excesso ou de uma sobrecarga de sentimentos, assim como Charles foi sobrecarregado por suas preocupações quanto a ficar separado da mãe e do pai. O que a criança de quatro a cinco anos precisa é de um ouvido amigo, alguém que possa escutar seus medos sem fazer pouco-caso deles e que não lhe diga para deixar de ser bobo, mas que tente descobrir o que pode estar causando o problema. É a tentativa de fazer isso, ainda que malsucedida, que ajuda a criança – do mesmo modo que a mãe tenta descobrir por que o bebê está chorando sem nem sempre conseguir entender ao certo.

2

A ESCOLA E O MUNDO LÁ FORA

COMEÇANDO NA ESCOLA

"Fiquei muito triste quando a mamãe foi embora."

Mesmo quando a criança já frequenta a creche ou participa de grupos de recreação desde os três anos, o início da escola ainda é um passo importante. É preciso processar certa dose de perda, assim como todos os ganhos que vêm ao ser reconhecida como uma criança "crescida". Há a perda da condição de bebê, a perda de uma relação íntima especial com o adulto, as separações diárias da mãe e do pai - especialmente difícil se houver um irmão mais novo em casa - e a perda da onipotência, ou seja, a crença de que ela consegue controlar as coisas por mágica. Também pode ser difícil ser mãe ou pai e deixar que o filho progrida, sobretudo se ele for o bebê da família. Não é tão incomum que seja a mãe quem chore pela manhã no portão da escola quando o filho dá as costas e anda de forma resoluta e alegre para a sala de aula.

A criança também precisa se acostumar a ser uma entre muitas, e todas com demandas e necessidades equivalentes - o que significa ter de aprender a compartilhar tanto os professores como os brinquedos e a saber esperar pela própria vez. Como a maioria das crianças vai negociar esse estágio depende em parte do tipo de experiência que tiveram com o cuidador principal nos primeiros quatro anos, mais ou menos. Caso sinta que suas ansiedades e preocupações foram consideradas e compreendidas de modo positivo, a criança terá uma imagem interna de uma mãe/um pai que, no conjunto, serão bons e amorosos e que também fornecerão a base de um código moral (o supereu) para que ela saiba o que é certo e o que é errado, ainda que nem sempre consiga colocar esse conhecimento em prática. Isso a ajudará a se sentir apoiada e segura em situações de estresse, e também proporcionará a confiança para experimentar e arriscar fazer coisas novas. E, assim, caso tudo corra bem, a criança vai saborear o senso mutável de quem ela é num mundo mais amplo, mesmo que por algum tempo ainda vá precisar de uma casa à qual possa voltar e onde não tenha sempre que ser uma pessoa grande, com autocontrole.

Numa escola primária de Londres, as crianças na educação infantil eram gradualmente preparadas para a iminente mudança para o 1º ano. A educação infantil tinha o próprio parquinho cercado, compartilhado com a creche da instituição. No verão, as crianças começavam a ser levadas para o parquinho das crianças mais velhas, no início por curtos períodos e, depois, no último mês antes das férias, durante todo o recreio.

Logo no primeiro dia de uma dessas transições para o parquinho maior, ficou perceptível quão pequenas e vulneráveis as crianças subitamente pareciam em comparação com as outras, sobretudo as enormes crianças de onze anos, com suas algazarras, berros e gritos. As de quatro a cinco anos pareciam perdidas e aturdidas. Estavam acostumadas a serem as mais velhas do parquinho menor, onde os colegas tinham três anos, e agora voltavam a ser as menores. As crianças tendiam a se manter próximas aos colegas de classe e muitas delas se amontoaram ao lado da cerca do parquinho antigo, à espera da campainha que lhes permitiria voltar para o lugar que parecia seguro e conhecido. Um menino disse a outro: "Vamos transformar o Jardim Tranquilo na nossa casa. Vem, lá é seguro". Os dois correram para uma área fechada próxima ao parquinho menor.

Cada transição trará mais uma vez à tona sentimentos de um período muito anterior e que pode remontar até à época em que a criança estava sendo desmamada ou em que se sentiu abandonada com o nascimento de um irmão. No primeiro dia da mudança para o parquinho maior, Robbie, por exemplo, lembrou-se dos sentimentos de medo do primeiro dia de aula, quase nove meses antes. Enquanto falava, Robbie se recusava a sair do lugar, junto ao portão que separava os parquinhos. Ele falou que estava muito assustado naquele momento por ficar com "os grandes" e que tudo o que queria era voltar para o parquinho antigo. Depois, ele se lembrou do primeiro dia de escola, quando "só tinha quatro anos" e "queria que a mamãe ficasse, e fiquei muito triste quando ela foi embora, mas consegui não chorar". Naquele momento, Robbie sentia uma necessidade particular da mamãe, porque havia acabado de cair no asfalto duro do parquinho e ralado as mãos. O menino contou que estava "tentando acompanhar James, mas ele correu rápido demais". E isso parece ter simbolizado a luta entre continuar a salvo na creche, mas sem espaço para o desenvolvimento e a mudança, e crescer, com o risco de se machucar e não conseguir acompanhar o ritmo.

Quando, naquele mesmo dia, foram levadas de volta para o próprio parquinho para terminar o recreio, as crianças que até então estavam se sentindo pequenininhas se tornaram mais ousadas e barulhentas assim que recuperaram as fronteiras conhecidas. Elas corriam empolgadas para lá e para cá e, pedalando furiosamente nas bicicletas e nos triciclos; só não colidiam umas com as outras por um triz. O nível de barulho aumentou consideravelmente. Na verdade, elas estavam imitando o comportamento das crianças mais velhas do parquinho maior.

Conforme as semanas passaram, as crianças foram ganhando confiança ao brincar no parquinho maior, e passou a ser difícil distingui-las imediatamente dos demais. Ainda que tendessem a continuar perto dos colegas de mesma faixa etária, elas começaram a fazer incursões graduais nas partes do parquinho até então reservadas aos maiores. Crianças que tinham irmãos mais velhos na escola geralmente tinham mais facilidade com isso, assim como aquelas que não eram inglesas de nascença e encontravam colegas mais velhas vindas do mesmo país. Nessa escola primária em particular, havia um número considerável de crianças coreanas, e as meninas coreanas de onze anos procuravam outras duas de cinco anos para brincar com o cabelo delas e, de modo geral, cutucá-las como se fossem brinquedinhos fofinhos.

O pega-pega se tornou o jogo principal do parquinho, e gritos de "Corre atrás de mim", "Vem me pegar" e "Você não me pega" soavam por toda parte. Várias crianças maiores se envolviam na perseguição e juntavam forças para manter os menininhos - as menininhas em geral não se envolviam nesse jogo em particular - no espaço fechado do Jardim Tranquilo, a que apelidaram de "Calabouço". As garotas mais velhas montavam guarda na entrada e empurravam de volta qualquer menino que tentasse escapar. Quanto mais agressivas as garotas, mais os meninos pareciam gostar. Esse jogo continuou pela maior parte do tempo destinado ao brincar e, depois, por vários recreios. Sempre no mesmo ponto, logo antes de o sinal tocar, as posições eram invertidas e os menininhos conseguiam capturar as garotas, ainda que fosse evidente que as meninas maiores se deixassem ser pegas. Pode ser que, nessas ocasiões, as garotas de dez a onze anos estivessem preparadas para deixar os menininhos terem um gostinho de como era ser grande, forte e masculino: em outras palavras, para que agissem como os homens de dez anos que um dia seriam, mas sem o risco de assustar ou subjugar as garotas na vida real.

Algumas crianças de quatro a cinco anos aprenderam a usar o trepa-trepa, que tinha escadas de corda e um poste de bombeiro. O desenvolvimento dessas habilidades físicas as ajudou a se sentirem mais confortáveis na parte grande da escola. Elas começaram a falar como seriam as coisas no fim das férias de verão, quando entrassem para o 1º ano. Mesmo que ainda houvesse certo medo das mudanças, esses receios também continham notas de empolgação. Era mais difícil, no entanto, imaginar que ficariam longe da professora, e Amy disse, esperançosa: "Imagino que a professora vai com a gente. Ela não ia deixar a gente, né?".

ATRAVESSAR O FOSSO ENTRE CASA E ESCOLA

> "Minha mamãe vai fazer bolinhos especiais quando eu chegar em casa."

Algumas crianças necessitam de uma recordação mais concreta da mãe e do pai enquanto estão na escola, como vimos antes com Ben: ele precisou do colo da professora para ajudá-lo a atravessar o fosso entre a casa e a escola. Nesse ponto, os livros podem ser úteis – um livro favorito lido em voz alta em casa pode ser levado para a escola a fim de oferecer à criança a sensação de que está junto da mãe e do pai. Nick levou para a escola um livro sobre monstros horríveis e a professora leu a história para a classe toda. Era muito engraçada, e todos riram das rimas e da grosseria geral da linguagem (do tipo que atrai crianças dessa idade). Quando as crianças saíram para trocar de roupas para brincar, houve muita discussão sobre o monstro favorito de cada uma, com a repetição de algumas das palavras usadas para descrevê-los. Nick estava radiante de orgulho. Ele disse que não se importaria de emprestar o livro por um dia para Ben, porque "a mamãe já leu pra mim na noite passada e retrasada, então consigo lembrar".

A maior parte dos professores de educação infantil é bastante tolerante quanto à necessidade de as crianças levarem brinquedos ou livros favoritos ou de estabelecerem ligações entre o que acontece em casa e o que acontece na escola. As crianças de uma escolinha de educação infantil tinham oportunidade de falar sobre as próprias experiências quando participavam da chamada da tarde. Depois de falar "Boa tarde, sra. Walker", várias crianças mencionavam de forma espontânea um evento que iria acontecer ou que já havia acontecido em casa. Esses eventos variavam de "James virá brincar comigo hoje, e a mamãe vai fazer bolinhos especiais quando eu chegar em casa" até, o que era menos comum, "Sábado passado meu pai e eu conhecemos David Beckham".

Nesse período, as crianças dispõem de uma linguagem que pode ser usada para invocar a imagem da mãe ou do pai; no lugar de precisarem da presença concreta do adulto, elas podem se agarrar a ele simbolicamente, com palavras. O tipo de informação que pode vir à tona a respeito de mães e pais durante um dia de escola é bastante surpreendente. Exemplos típicos podem abarcar desde "Minha vó vem me buscar hoje, porque a mamãe vai ficar até mais tarde no trabalho" até "Meu papai tem a pele do rosto seca e precisa usar um creme especial" e "Minha mamãe não gosta de comer caramujos, ela diz que nunca mais vai pôr isso na boca". E, talvez num excesso de otimismo, mas revelador da crença de que a mãe e o pai queriam fazer coisas gentis por ela, Sophie disse: "Parece que vamos para a praia nas férias, mas a mamãe e o papai ainda não me contaram, porque querem fazer, acho, uma surpresa pra mim".

Não é necessariamente ruim que a criança tenha de aprender a lidar com a diferença entre ter uma mãe ou um pai com quem a experiência é compartilhada e um professor que, além de não a conhecer da mesma maneira tão íntimo, também precisa lidar com mais vinte outras crianças. Isso significa que a criança precisará encontrar formas de ser mais explícita e, às vezes, de se virar sozinha ou com a ajuda dos colegas para explicar as coisas. As crianças descobrirão que estão num ambiente em que aprenderão de modo diferente e precisarão adquirir outras formas de se expressar. É muito comum que o filho volte para casa e responda à questão "O que você fez na escola hoje?" com uma palavra simples: "Nada". Apesar de frustrante para o adulto, pode muito bem ser que, para a criança, a resposta real seja: "Fiz de tudo, mas explicar é difícil demais!". Há um livro infantil chamado *Little Raccoon and the Outside World* [O pequeno guaxinim e o mundo lá fora] de Lilian Moore, que aborda com sensibilidade e diversão essa diferença – ou seja, entre o mundo conhecido de casa e da mãe e o mundo lá fora, da dessemelhança e do não familiar.

O COMEÇO DE AMIZADES

"Posso ir também?"

A transição para o ensino fundamental muitas vezes é amenizada se a criança vai acompanhada de um amigo da educação infantil. Às vezes isso não é possível, se as crianças vão para escolas diferentes. Nesse caso, será questão de fazer novas amizades. Algumas crianças são muito melhores nisso do que outras; será mais fácil se elas forem extrovertidas e confiantes, embora as crianças tímidas sejam as que mais parecem se beneficiar das amizades, ao usá-la como uma espécie de escudo protetivo contra o resto do mundo. O que é interessante é que, assim como os adultos, as crianças parecem ser atraídas por outras crianças que se assemelhem de algum modo a elas. Assim, crianças tímidas costumam se juntar entre si, assim como acontece com crianças que gostam de quebrar regras e assumir riscos.

As crianças no 1º ano começam a dar uma importância diferente aos amigos. De modo geral, elas estão muito interessadas em resolver as brigas que venham a acontecer, ainda que, quando se trata dos irmãos, em geral não demonstrem a mesma vontade ou simplesmente não se importem muito. Elas também começam a desenvolver um código moral sobre como devem se comportar com um amigo, e que difere bastante de como podem se comportar com os irmãos: "Não tem problema pegar um brinquedo dela, é só minha irmã!", disse um menino de cinco anos que era inflexível quanto a não poder pegar brinquedos de um amigo.[2]

É surpreendente como já nessa idade as crianças conseguem compreender bem como os amigos estão se sentindo, por que estão chateados e o que conseguirá animá-los. Num dia chuvoso, Priya estava em pé no parquinho, brava porque a mãe havia esquecido de dar uma capa impermeável para ela vestir. Priya permanecia totalmente parada e triste, como que imobilizada pela vergonha de não ter uma capa para vestir e, talvez, pelo pensamento de que a mãe tinha "esquecido". Será que isso significava que a mãe também esquecera dela, Priya? Havia ainda questões culturais, nesse caso, porque Priya era indiana e a família tinha se mudado para a Inglaterra no ano anterior. Talvez Priya estivesse sobrecarregada pela noção de que a mãe não entendia o modo de vida inglês, o que era simbolizado pelo esquecimento de proporcionar a coisa mais inglesa de todas: uma capa de chuva. Jodie, a melhor amiga de Priya, fez um grande esforço para que ela se juntasse a uma brincadeira, mas Priya não se movia. Jodie tentou primeiro dizer a Priya que havia guardado um lugar para a amiga e que a estava esperando. Depois, disse: "Por favor, Priya, vem". Quando esse pedido foi recebido com um silêncio sepulcral, Jodie suspirou e disse: "Você está triste?". Priya fez que sim. "Você está triste por causa da capa?". Priya fez que sim mais uma vez.

---

2 Judith Dunn, *Children's Friendships: The Beginnings of Intimacy*. London: Blackwell, 2004.

Um minuto depois, Priya e Jodie saíram correndo e brincaram felizes durante o resto do recreio. O desejo sincero de Jodie de entender o que estava chateando a amiga ajudou Priya a sair da paralisia e ir brincar despreocupada.

Com a amizade, todos os tipos de jogos de faz de conta podem acontecer; as crianças, seguras por saberem que há mais duas ou três delas para deixar as coisas menos assustadoras, podem compartilhar uma encenação de seus medos. Elas também podem compartilhar entusiasmos e brincadeiras empolgantes, além de coisas que simplesmente as fazem rir juntas. James, de cinco anos, que vimos no capítulo 1, fingiu que a mãe tinha morrido e que ele estava sozinho no mundo. Robbie um dia se aproximou de James e perguntou com muita delicadeza se poderia lhe fazer companhia. Os dois meninos se deslocaram do pensamento assustador de estarem sozinhos, sem mãe nem pai, para uma situação de serem companheiros numa empolgante aventura no espaço sideral.

As crianças podem se sentir bastante desoladas quando os amigos faltam na aula, como Molly mostrou no dia em que Adam, seu amigo, estava ausente. Ela falou que não sabia por que ele faltara à escola. Talvez estivesse doente - e isso foi dito com muita tristeza. Depois, o rosto dela se iluminou ao falar que pintaria um carro de corrida para Adam, que gostava de carros - ela não gostava, mas Adam sim. Isso faria o amigo se sentir melhor. Ele ia gostar do desenho, Molly tinha certeza. Parecia que a menina também estava fazendo com que ela mesma ficasse melhor ao sentir que poderia fazer algo gentil para o amigo, algo só para ele e que traria a memória de Adam para perto dela. Essa era a mesma Molly que, mais cedo, quis fazer um desenho para a mãe se sentir melhor.

Enquanto começava a pintar o carro de corrida, Molly acrescentou que, como gostava de Adam, se sentia sozinha no recreio quando ele não estava lá. Depois, com uma risada, disse: "Eu amo o Adam e às vezes corro atrás dele por todo o parquinho, e quando o alcanço dou um beijo". O que parecia importante para Molly não era tanto o jogo de perseguição-beijo, mais antigo que o próprio tempo, e sim o fato de Adam não estar lá para que esse tipo de relacionamento pudesse acontecer – isto é, a empolgação de um tipo de perseguição que às vezes levava a um beijo, mas às vezes não. Tudo o que restava para Molly era ficar ansiosa por não saber se Adam estava bem ou não.

A IDENTIDADE FORA DA FAMÍLIA

> "Professora, professora, o James não guardou as coisas dele."

Em certa medida, a criança que está entrando na escola levará consigo a identidade que formou no interior da família. O modo de se comportar em casa e as interações com membros da família serão similares ao modo como ela se relaciona com os colegas e as figuras de autoridade, que serão tratadas como se fossem irmãos, mães e pais. Mas há o outro lado da moeda: a escola vai dar à criança a chance de testar o que ela sabe sobre si mesma diante da realidade de pessoas que não são seus irmãos, mães e pais e que podem muito bem reagir a ela de formas diferentes. Por exemplo, uma criança acostumada a ter todas as demandas atendidas instantaneamente – talvez porque a mãe e o pai queiram evitar ataques de birra ou porque não suportem a ideia de frustrá-la – receberá um choque considerável quando essa forma de comportamento não alcançar os mesmos resultados na escola.

Às vezes, uma criança se torna o bode expiatório para todos os sentimentos ruins que os colegas sentem, mas dos quais querem se livrar - um pouco como Dan, que conhecemos no capítulo 1, que tentava passar todos os sentimentos negativos para seu irmão Ed. Archie, que tinha apenas cinco anos, parecia ter sido colocado nessa posição. Sempre que havia alguma perturbação na sala de aula, todos os olhos se voltavam para ele. Não demorou até surgir a expectativa de que o culpado seria ele, e o mais triste é que Archie logo passou a corresponder a isso, ao começar de fato a distrair outras crianças ou a fazer coisas irritantes enquanto os professores falavam. Archie parou de acreditar que era capaz de fazer alguma coisa boa ou que precisava de concentração. Numa ocasião, quando a professora pediu que levantassem a mão as crianças que achavam que conseguiriam andar pelo corredor silenciosamente e sem fazer barulho, praticamente a sala inteira se manifestou com entusiasmo, menos Archie. Ele parecia não acreditar que poderia se comportar de modo aceitável. Para tentar encontrar uma saída dessa posição, ele começou a dedurar os colegas: "Professora, professora, o James não guardou as coisas dele, como você tinha pedido" ou "Olha, professora, olha o que a Sophie fez. Ela rasgou a página", o que acabou por deixá-lo ainda mais impopular. Mas a professora se recusou a tomar partido das outras crianças quando culpavam Archie - ou de Archie quando delatava os colegas. Isso ofereceu a ele uma experiência diferente da vivida em casa, onde, porque a mãe estava lutando para ao mesmo tempo criar sozinha uma família grande e trabalhar, costumava ser mais fácil jogar a culpa nele. E, como a escola nos mostra, muitas vezes *era mesmo* Archie que se metia em problemas.

Isso é similar ao processo de rotulação limitante que às vezes acontece nas famílias, isto é, quando a criança considerada difícil ou travessa sente que, já que é isso mesmo que acham dela, talvez o melhor seja entrar no papel. É uma profecia autorrealizável. E é aí que a escola e o mundo exterior podem ser bastante úteis para uma criança que seja vista – e que também comece a se ver – de um único modo. Com sorte, e com a ajuda de adultos atenciosos, há chances de as ações dela serem recebidas com outras reações.

BRINCADEIRAS COLABORATIVAS

> "Vou desenhar um amigo fantasma para o seu fantasma."

Por volta dessa época, as crianças, que até então brincavam perto umas das outras, passam a um modo de brincar mais coletivo, pois percebem que algo criativo pode surgir do trabalho conjunto. Claro, sempre há crianças que querem conduzir a ação e crianças que gostam de serem conduzidas, além de outras que preferem trabalhar sozinhas. Mas, de maneira geral, as crianças ficam mais propensas a começar a compartilhar ideias e a combiná-las para criar algo maior do que teria sido possível se continuassem a brincar isoladas.

Durante o recreio da educação infantil, havia um grupo de três meninos: dois deles acrescentavam retoques a um desenho que havia sido iniciado por Farid. Nesse estágio, Farid estava contente em abrir espaço para que os outros dois assumissem o controle. Os três conversavam felizes sobre as contribuições que estavam sendo feitas ao desenho original, um avião que voava alto no céu. Robert incluiu raios e relâmpagos que cortavam o céu e Theo começou a desenhar longos filamentos de chuva que, nas palavras dele, corriam do alto até o chão. Farid voltou e desenhou um fantasma verde no canto inferior direito do papel. Robert então desenhou, com uma cor diferente, um amigo para o fantasma. Os meninos debateram se fantasmas poderiam ser atingidos por raios. Eles continuaram a falar empolgados sobre o que estavam desenhando e ficaram bastante absorvidos pela dramaticidade da imagem. Quando chegou a hora de tirar o desenho do cavalete e de colocá-lo na área das coisas a serem levadas para casa, houve uma disputa: quem era o dono do desenho? Como Farid havia começado, foi ele quem o levou para casa e mostrou para a mãe.

Uma criança de cinco anos estava deslizando os pés para cima e para baixo na base da rede de basquete. Ela disse: "Meus pés estão ficando animados porque vou ganhar sapatos novos. Olhe, eles estão escorregando e não querem parar". Outra menininha veio e, sem perguntar nada, subiu na base e também fez com que os pés escorregassem para cima e para baixo. Enquanto esfregavam os pés, as duas começaram a conversar sobre sapatos, o que as levou então a falar sobre a própria família (uma das meninas era japonesa e a outra, indiana) e seu país de origem. Durante todo esse tempo, os pés das duas se moveram em uníssono.

COMPETITIVIDADE

"Meu foguete é mais rápido que o seu."

Mesmo que uma criança queira brincar de forma colaborativa, as coisas poderão evoluir rapidamente para uma rivalidade competitiva – sobretudo, como já vimos, entre irmãos, mas também entre amigos. Nessa faixa etária, a criança pode ficar ansiosa quanto às próprias identidades e com relação ao lugar que ocupa na escola. O modo mais rápido de que dispõe para se sentir melhor e superior, mas também para se livrar dos sentimentos terríveis de inutilidade e pequenez, é invocar a mãe e o pai. Ela pode, por exemplo, dizer algo sobre ambos que mostre que são melhores (ou mais ricos, mais inteligentes etc.) do que a mãe e o pai dos colegas.

A seguinte conversa entre três crianças de cinco anos, ouvida numa escola primária, mostra uma versão razoavelmente anódina de tentativas de demonstrar superioridade:

> ROSIE Dois gatos aparecem no nosso jardim da frente e desenterram todas as plantas.
> VICKY Ah, é? Vários gatos aparecem no nosso quintal e espalham o lixo por toda parte.
> JUNKO Ah, é? Várias raposas aparecem no *nosso* quintal e espalham o lixo por toda parte. E a mamãe e o papai ficam muito bravos, porque precisam limpar tudo.
> ROSIE Uma raposa apareceu na nossa *cozinha* e sentou lá! A mamãe jogou um prato nela, mas era de papel, então não quebrou. E a raposa ficou lá por vários e vários dias!

O que começou com uma troca interessante de informações, com Rosie desempenhando o papel de adulto (ela chegou até mesmo a soltar um suspiro de exasperação), rapidamente ficou tão exagerado que passou a ser difícil dizer o que era real e o que era fantasia. Rosie falou de um modo que silenciou as outras duas meninas. Nenhuma delas conseguiu superar a história da raposa que entrou na cozinha, e a informação sobre a mãe ter jogado um prato de papel deu um toque de realidade difícil de contestar. Foi uma demonstração de superioridade para Rosie, que afinal foi quem havia iniciado a conversa. No exemplo mencionado mais cedo, em que Farid, Robert e Theo fizeram um desenho colaborativo sobre uma arte iniciada por Farid, essa necessidade de ser melhor que o outro não estava presente.

Às vezes, crianças dessa idade não precisam trazer a mãe ou o pai para a conversa, já que são muito boas em criar situações de "é melhor/mais rápido/mais forte do que o seu" por conta própria - e de uma maneira competitiva, mas em geral amigável. Dois meninos que estavam brincando no parquinho com blocos de montar competiam com os foguetes que haviam construído. A conversa entre eles foi mais ou menos assim:

> TOM Meu foguete consegue viajar cem bilhões de trilhões de quilômetros.
>
> KIERAN Ah, é? Meu foguete consegue ir pra trás do Sistema Solar e depois voltar.
>
> TOM Meu foguete consegue ir pra trás do Sistema Solar *e* perfurar metais.
>
> KIERAN *O meu* foguete consegue fazer tudo isso e perfurar... o que é mais duro que o metal?

Isso continuou por algum tempo, com um menino tentando superar o outro, mas o jogo transcorreu de maneira agradável e, no fim, ambos decidiram unir os foguetes para ir "ainda mais longe do que cem bilhões de trilhões de quilômetros". Esses meninos eram amigos e tinham temperamentos bastante parecidos. Era evidente que estavam gostando de confrontar a perspicácia e o conhecimento sobre o mundo de cada um deles de um jeito divertido para ambos.

A competitividade entre crianças dessa faixa etária é uma parte do crescimento e, desde que no geral permaneça amigável, não é motivo para preocupações. Mas, caso a criança fique insegura quanto ao próprio valor, então a competitividade pode ganhar contornos desagradáveis em decorrência de tentativas de fortalecer o ego à custa de atos de diminuição e desvalorização dos outros.

3

DESENVOLVIMENTO SOCIAL

REALIDADE E FAZ DE CONTA

"Olá, querida, cheguei."

Aos quatro ou cinco anos, a maioria das crianças já tem uma noção clara do que é real e do que é faz de conta. Em brincadeiras de imaginação compartilhadas, as crianças dessa idade muitas vezes assumem identidades e papéis que oferecem uma perspectiva sobre como os adultos se comportam no mundo mais amplo. Às vezes, elas reconhecem que estão fingindo ser outra coisa quando atribuem os papéis – quando dizem, por exemplo, "Você será a mamãe/princesa/médica e eu serei o papai/príncipe/doente". Mas às vezes elas simplesmente seguem o que parece ser um roteiro predeterminado que, de algum modo, acomoda todos naturalmente na história encenada. Era nítido qual era o papel exato que Ronnie, um menino de cinco anos, estava desempenhando e qual era o papel que queria que a amiga adotasse quando marchou para dentro da casinha de brinquedo e disse: "Olá, querida, cheguei. Onde estão as crianças? Trouxe chocolates para elas. Roubei da fábrica de doces!". Na hora a amiga se transformou na esposa e pegou uma boneca. Com um tom exagerado, respondeu: "Ele tem sido *tão* levado que não merece chocolate. Ele está me deixando louca o dia inteiro!". E deu uma palmada forte no bumbum da boneca.

Assim como Ronnie sabia que não era um pai crescido ou um ladrão, mas sim um menino de cinco anos, a maioria das crianças também preserva uma noção firme quanto à realidade de quem são e aproveita a interpretação de papéis para sentir como é ser uma pessoa diferente e fazer coisas proibidas – como roubar a fábrica de doces. Crianças que correm para cima e para baixo fingindo ser o Super-Homem gostam do sentimento de poderem ser todo-poderosas e fazer coisas mágicas como voar, mas são igualmente capazes de voltar rápido a ter os dois pés no chão quando for necessário.

Mesmo quando tem um amigo imaginário que precisa ser tratado pela família como se existisse de verdade - tendo o próprio prato na mesa, por exemplo -, a criança sabe, no fundo, que inventou aquele amigo, não importa o quanto insista no contrário.

Um jogo de faz de conta que se manteve popular com o passar das gerações é aquele em que a criança se transforma na bruxa má que sai para capturar vítimas inocentes. Claro, bruxas más aparecem em contos de fadas com a mesma frequência das madrastas malvadas. É assim desde "João e Maria" até o assustador *As bruxas* de Roald Dahl, em que, como o autor diz com alegria, mesmo sua professora ou sua mãe podem ser bruxas! Ao assistir a uma encenação desse jogo durante todos os recreios de um grupo de crianças na educação infantil, era incrível perceber a facilidade com que algumas crianças assumiam o papel de bruxa/perpetradora e outras, o de vítimas. Ainda que as crianças revezassem os papéis, havia uma criança em particular, Carla, que não era uma vítima muito convincente. Contudo, era claro que ela se deliciava em ser feroz e assustadora. Quando era a bruxa, sua voz assumia um rosnado ameaçador e seus olhos pareciam brilhar de raiva. As duas meninas que haviam acabado de ser capturadas pareciam genuinamente assustadas. Elas fingiam estar amarradas numa jaula e se sentavam com as mãos sobre a cabeça, com os olhos muito fechados, sem se mover nem falar, enquanto Carla, a bruxa, saía correndo em busca de mais vítimas. Quando, no entanto, um adulto perguntou às duas meninas o que estavam fazendo, elas responderam de modo bastante direto: "Estamos fingindo que fomos capturadas pela bruxa". Elas então voltaram a fechar os olhos e os lábios com firmeza. Quando chegou a hora de outra criança ser a bruxa, Carla ficou relutante em se deixar levar pela emoção de ser capturada e, então, se recusou a se sentar com os olhos fechados e as mãos sobre a cabeça. Mas o mais interessante foi que a menininha que estava fazendo o papel de bruxa logo perdeu a vontade de tentar capturar e aprisionar os outros. Assim como Carla havia assumido naturalmente o papel de bruxa, essa menininha assumiu, com igual naturalidade, o papel de vítima. Quando chegou sua vez de ser a bruxa, ela vagou sem rumo como se tivesse esquecido quem deveria ser. O jogo chegou ao fim. Embora ainda sejam muito jovens, as crianças dessa idade parecem se sentir mais confortáveis num papel do que em outro, ou seja, em interpretar ou a vítima ou o perpetrador. É mais raro ver uma criança que alterne entre os papéis com facilidade.

O que pode vir a ser um problema é a criança começar a tentar viver num mundo de faz de conta porque sente que o mundo real é ameaçador e perigoso demais. Apesar de às vezes ser útil poder escapar para um mundo "não real", onde nos identificamos completamente com outros personagens (e todos fazemos isso quando lemos obras de ficção e ficamos imersos na história), algumas crianças podem achar mais seguro permanecer naquele mundo, já que, por alguma razão, sentem que a realidade é intolerável. Mas isso muitas vezes é uma fase passageira, trazida à tona por algo externo que ela não consegue confrontar no momento, como o luto, o nascimento de um irmão ou várias outras situações dolorosas que, para a criança, parecem estar além de sua capacidade de enfrentamento e precisam ser deixadas de lado por algum tempo.

O DESENVOLVIMENTO DA CURIOSIDADE

"Como as mamães chegam aqui?"

Jessica, de cinco anos, parou de colorir um cartão de Dia das Mães e fechou a cara. Depois de um breve silêncio, disse: "Não consigo entender como uma mamãe chega aqui. Sei que ela foi um bebê e que foi criada pela mamãe dela, mas de onde a mamãe da minha mamãe veio?". Depois de outro breve silêncio, continuou, com um suspiro: "É muito difícil pensar nisso". Ao refletir sobre a mesma coisa, Tina, de quatro anos, anunciou que não teria um marido para "arranjar um bebê"; ela cultivaria as sementes no quintal "sem ajuda de ninguém". Isso demonstra a diferença de pensamento entre uma criança de apenas quatro anos e outra, de cinco, que parece estar tentando entender a natureza da existência em si. No entanto, ambas estão conectadas por uma mesma coisa, ou seja, uma ausência. As duas deixaram o pai de fora do processo: Tina, de modo mais consciente, e Jessica, que se perdeu no elo vital entre aqueles que dão origem a cada pessoa. A aceitação da junção da mãe e do pai para criar um terceiro elemento deixa a mente da criança aberta para todos os outros tipos de ligação que podem e devem ser feitas para a criação de algo diferente. Aos quatro anos, Tina ainda não estava suficientemente preparada para entender as coisas, mas Jessica estava, ainda que achasse "muito difícil pensar nisso".

Vimos mais cedo o prazer que Sammy sentiu ao se unir ao pai para criar um carro com uma caixa de papelão. As crianças demonstram trabalhar com mais afinco e com maior sucesso quando atuam em pares, e talvez isso se deva exatamente à mesma razão - isto é, de que tudo se baseia na aceitação da união da mãe e do pai para criar algo diferente.[3]

Uma vez que tenha aceitado que a mamãe e o papai se unem num par para gerar um bebê, nessa idade a criança é capaz de

3 O questionamento sobre a origem da vida e as formas de relação e reprodução sexual pode assumir diferentes configurações na infância conforme o contexto familiar e o modo singular como cada criança elabora e manifesta sua curiosidade. [N.E.]

deixar de lado a necessidade de saber mais sobre esse tema e de abrir espaço para que a curiosidade por outras coisas assuma controle total. Esse é, claro, um fator que interfere na capacidade de aprender. Não significa, entretanto, que deixem de ficar curiosas sobre como são feitos os bebês. Crianças de quatro a cinco anos costumam brincar de grávidas, como mostra o exemplo a seguir. Esta é Ellie, de apenas quatro anos, que brincava com a irmã mais velha, Anna, de seis:

> Com uma voz chorosa, Ellie diz, puxando o braço de Anna: "Vem, Anna, vamos brincar de 'o bebê precisa ir dormir'". Anna afasta o braço e diz que não está com vontade. Ellie desaparece por um minuto e, depois, volta com uma boneca vestida de rosa. Ela dá risadinhas de empolgação e, gritando, empurra a boneca para Anna: "Toma, Anna, esse é o seu bebê, olha, está saindo da sua barriga!". Anna pega a boneca e põe, de qualquer jeito, por baixo da camiseta. Ela começa a andar pra lá e pra cá, estufando a barriga. Então, tira abruptamente a boneca, entrega a Ellie e, com toda pompa, diz: "Pega, Ellie. Eu é que não quero andar por aí com o seu bebê debaixo da minha camiseta". Ellie pega o bebê de volta e desaparece no quarto.

Apesar de inicialmente ter relutado em participar da brincadeira, Anna não resistiu à chance de interpretar uma mamãe grávida. A própria Ellie estava segura de que era Anna quem deveria ter o bebê, talvez porque, no fundo, sentisse haver algo proibido e vergonhoso no aspecto sexual da brincadeira. Ela sem dúvida ficou bastante empolgada. E talvez Anna também tenha tido um vislumbre de que o que estava fazendo era adulto demais, por isso parou de brincar de modo tão abrupto.

Por volta dessa época, de uma hora para a outra as crianças começam a achar hilárias palavras como "bumbum" e "pipi".

Vi dois meninos de cinco anos rolarem de rir a cada vez que um deles dizia a palavra "peido". Dois gêmeos de cinco anos tinham inventado uma canção que costumavam cantar após o banho da noite, enquanto dançavam pelados para lá e para cá. Como dizia a letra: "Somos os meninos sujos! Somos fedidos e sujos, nossas barrigas são fedidas, nossos bumbuns são sujos, nossos pipis fazem xixi, nossos bumbuns fazem cocô!" etc., e riam todas as vezes. Embora talvez fosse irritante ter que ouvir a música tantas vezes, havia nela uma inocência que a tornava bastante aceitável. A canção também mostra o interesse crescente que crianças de cinco anos demonstram por funções corporais naturais.

Talvez isso seja um sinal de como crianças dessa idade parecem se deslocar rápido de um conteúdo sexual explícito para uma alegria mais infantil em achar as "partes pudendas" do corpo tão engraçadas. O interesse por questões sexuais começa a amainar ou a ficar dormente para abrir espaço por alguns anos para que elas consigam se concentrar em outras coisas antes da puberdade, aos onze ou doze anos.

DIFERENÇAS DE GÊNERO

"De que são feitas as menininhas?"

Em busca de sua verdadeira identidade, crianças dessa idade podem adotar papéis masculinos e femininos bastante estereotipados quando estão fora de casa. Talvez seja só ao assumir, num primeiro momento, uma posição extrema que elas conseguem ter mais certeza de onde se encaixam no *continuum* do gênero. No 1º ano, é fundamental não ser diferente e se encaixar na turma, e há um forte impulso para se conformar a um padrão.[4] É difícil sentir que somos diferentes de todos os outros nessa área em especial, já que talvez tenhamos que lidar com diferenças em muitas outras áreas; por exemplo, raça, cultura, composição familiar etc. Uma surpresa numa turma de educação infantil foi descobrir que algumas crianças não só conheciam os antigos versos "*What are little girls/boys made of*" [De que são feitas as menininhas/os menininhos] como também cantavam repetidas vezes umas para a outras, sobretudo quando as meninas queriam irritar os meninos. Meninas tendem a brincar com meninas e meninos com meninos, e a maioria das amizades mais sólidas nessa faixa etária se firma entre crianças do mesmo gênero. Nas palavras de um menino de cinco anos: "Meninas são blergh!".

Mães e pais que desestimulam brincadeiras com arminhas, por exemplo, acabam descobrindo que até o mais inofensivo dos objetos pode ser transformado em arma "mortal". Uma turma de educação infantil estava brincando de lojinha com alimentos de plástico. De início, meninos e meninas estavam se revezando como vendedores e clientes, mas, então, um menino pegou uma banana de plástico e saiu correndo, apontando com ela para outros meninos e fazendo barulho de tiros. Logo todos os meninos estavam correndo pelo parquinho, cada um com uma

4 Desde a publicação original, as discussões sobre identidade de gênero e expressão da sexualidade infantil se ampliaram significativamente. Não é mais tomada como certa a tendência de a criança se acomodar a posições estereotipadas na escola. A garantia, por parte dos adultos, de um ambiente solidário às diversas manifestações infantis contribui para reduzir a pressão por conformidade a um padrão fixo e para ressignificar a experiência da alteridade. [N. E.]

banana como arma, tentando atirar um no outro. As meninas continuaram com as compras![5]

O que os meninos e as meninas de cinco anos decidem desenhar é mais uma indicação de suas necessidades de conformação ao gênero. Observar três meninos fazerem desenhos de um lado do cavalete enquanto três meninas pintam do outro foi um exemplo poderoso dessa diferença. Os meninos desenhavam foguetes prestes a decolar (eram os mesmo três meninos que, mais cedo, desenharam um avião). Eles acrescentavam rastros violentos de fumaça e fogo na parte de baixo do desenho e riam animados enquanto cada um deles usava cores diferentes para intensificar a conflagração. Do outro lado, as meninas haviam desenhado uma princesa vestida toda de rosa e com as roupas decoradas com corações. Elas sussurravam e davam risinhos para discutir qual delas seria a princesa primeiro.

No parquinho da educação infantil, que era separado do parquinho principal, os meninos tendiam a disparar a toda velocidade com as bicicletas e os triciclos e davam muita risada quando por pouco não colidiam uns com os outros, enquanto as meninas costumavam formar grupos menores para conversar. Isso, é claro, é uma descrição generalizada, e sempre haverá exceções. Mas pode ser difícil aceitar quão estereotipados as meninas e os meninos podem ser em grupo, apesar de em casa exibirem qualidades completamente diferentes.

Às vezes, mães e pais se preocupam sem razão com um aparente excesso de identificação da criança com o próprio sexo, mas se trata normalmente de uma fase que cada criança

5 Cabe lembrar que o processo de socialização das crianças tem impacto direto e profundo sobre seus modos de subjetivação, seus desejos de identificação e eleição de ideais. [N.E.]

precisa superar em seu ritmo.[6] Quanto mais desaprovarem ou criticarem quando a filha insistir em só usar roupas cor-de-rosa ou em desenhar princesas, por exemplo, mais provável será que a criança fique ainda mais determinada a manter essa posição. A criança costuma encontrar o tempo para experimentar diferentes formas de ser mais no brincar imaginativo do que no mundo real da sala de aula e do parquinho. É assim que ela pode brincar de ser outra pessoa só para verificar como se sente. Amy, uma das meninas que desenhou a princesa, adorava fingir ser um cavalo descontrolado ou um cachorro que mordia e latia e, em geral, se comportava bastante mal. Algumas meninas assumem o papel de papai e marcham severas para lá e para cá, aos gritos, com uma expressão aborrecida, e talvez a mãe e o pai não achem que seja um retrato muito fiel de quem realmente são! E também os meninos podem buscar refúgio na casinha de brinquedo da sala de aula para, enquanto brincam com bonecas, entender como é ser uma mamãe. Tudo isso indica, por parte da criança, um desejo de descobrir quem ela é e onde pode se encaixar em seu mundo social.

O COMEÇO DO BULLYING

"Ela deixa a gente triste. Ela é terrível, não é?"

Algumas crianças se tornam mandonas e controladoras como forma de lidar com sentimentos de impotência e vulnerabilidade.

6 Alguns cuidadores também podem demonstrar preocupação diante da identificação da criança com um gênero diferente daquele que lhe foi atribuído. A diversidade de posições que a criança ocupa em sua experiência íntima de gênero e em suas explorações em torno da própria identidade com frequência entra em conflito com o binarismo sustentado por alguns adultos. [N.E.]

Uma menina italiana de cinco anos, Carla (que conhecemos mais cedo no papel de bruxa), havia chegado à Inglaterra sem falar absolutamente nada de inglês. Depois de apenas um ano, ela já era bilíngue e não tinha sotaque algum, mas à custa de parte de seu desenvolvimento emocional. Ela mandava nas outras crianças sem piedade, a ponto de às vezes fazê-las chorar. Seus olhos brilhavam de raiva caso alguém ousasse desobedecer a ela. Nas brincadeiras de faz de conta, era Carla quem alocava os papéis a serem desempenhados pelas crianças, pouco importando o que cada uma queria ser. O mais surpreendente era que as outras crianças quase não protestavam contra esse comportamento. Carla, grandiosa, respondia: "Não, você não pode ser a princesa. Eu sou a princesa. Você terá que ser meu gato". Ela ditava, então, exatamente como o gato deveria se comportar. Numa ocasião, Carla se apossou do castelo enquanto interpretava o papel de princesa, como era comum, e ordenou que as outras três meninas que brincavam com ela fossem as servas. A brincadeira envolvia fazer um bolo de aniversário para o pai dela, o rei. O bolo teria de estar pronto antes de ele chegar em casa. Era muito interessante a ausência perceptível de uma mãe/rainha no jogo. Carla estava tão animada enquanto fingia conseguir deixar tudo pronto a tempo que não percebeu que duas meninas haviam fugido, de mãos dadas, do castelo. "Não queremos brincar disso, não", elas explicaram. "Ela deixa a gente triste. Ela é terrível, não é?" E foram criar as próprias brincadeiras em outro lugar.

Quando chegou à Inglaterra, Carla deve ter se sentido completamente aturdida e, incapaz de expressar até suas necessidades mais básicas, foi arremessada de volta para um estágio de inarticulação, próprio dos bebês. O que poderia ser mais assustador para uma criança de quatro anos, que ganhara fluência na própria língua havia pouco tempo, do que perder a capacidade de comunicação? O trabalho do pai havia sido o fator que desenraizara a família inteira, e provavelmente isso foi algo que contribuiu para os sentimentos bastante contraditórios com os quais ela estava tentando lidar. Carla estava num estágio em que não podia se permitir ficar brava com o pai, "o rei", por tê-la desestabilizado. Os sentimentos muito normais que sentia contra o pai eram complicados pelo fato de que ele a havia devolvido à posição de bebê indefeso. Não é de surpreender que ela precisasse se tornar a filha princesa tantas e tantas vezes, a fim de recuperar algum tipo de identidade para si mesma. O problema, no entanto, era que ela usava o poder da linguagem recém-adquirida para fazer com que isso acontecesse, mas à custa de amizades reais. A incapacidade de permitir aos outros um papel de igualdade nas brincadeiras impedia Carla de se integrar por completo. As diferenças em termos de cultura e linguagem ficaram mais pronunciadas, mas ela se tornou impopular não por conta disso, e sim pela forma como tentava lidar com a situação.

Carla muitas vezes brincava de outro jogo que demonstrava seu medo de ser a vítima. Era o jogo da bruxa, descrito antes, em que ela não era capaz de ceder o papel de bruxa e assumir o papel de uma das vítimas. Carla tinha sempre que ser a bruxa. Isso levava, mais uma vez, a casos em que outras crianças perdiam o interesse na brincadeira e a deixavam sozinha. Havia poucas discussões ou brigas quando isso acontecia; as crianças simplesmente se afastavam, o que a deixava sem entender o que havia feito para causar esse isolamento. Era algo que repetidamente espelhava o sentimento de estar sozinha e de não ser compreendida, que sentiu logo depois de chegar à Inglaterra.

Há um círculo vicioso que faz crianças como Carla continuarem a recorrer ao bullying para se livrarem de sentimentos indesejados de vulnerabilidade, dependência e, acima de tudo, diferença.

Nesse caso, contudo, parecia que o comportamento de Carla era como uma reação direta a um evento desagradável da própria vida, algo que, com sorte e tempo, acabaria por se resolver. Porém, a menos que haja um adulto ponderado por perto, que entenda por que a criança se comporta de certa maneira e que, ao mesmo tempo, imponha limites firmes, o que começa como bullying feito por crianças de cinco anos pode se tornar algo muito mais sinistro quando elas crescerem. Uma criança que se sente impotente em outras áreas da vida se agarrará e abusará do único poder de que dispõe: o de dominar as colegas. Margaret Atwood descreve isso muito bem quando escreve sobre bullying no romance *Olho de gato*: "[crianças] só são engraçadinhas e pequenas para os adultos. Entre elas, não são nada engraçadinhas. Têm tamanho de gente grande".

SOLIDÃO *VERSUS* FICAR SOZINHO

"Me deixa em paz!"

De vez em quando, a criança de quatro a cinco anos se cansará de socializar e desejará passar algum tempo sozinha. Isso é muito diferente da que deseja desesperadamente estar com os outros, mas que não consegue se juntar ao grupo. É triste ver isso acontecer, uma criança tentar várias vezes brincar com as outras, mas as colegas a deixarem de lado para fazer alguma outra coisa.

Arun era uma dessas crianças. Ele descobriu um bom esconderijo no parquinho, atrás de um arbusto, e queria que as colegas fossem até lá com ele. Só que, por mais que tentasse persuadir uma criança depois da outra, nenhuma delas queria brincar com ele. Arun desistiu e passou o resto do recreio criando uma aventura com piratas que o capturavam, mas brincou totalmente sozinho. Era uma bravata, porém os sentimentos implícitos de rejeição e solidão eram bastante óbvios. Talvez o fato de Arun ser filho único e estar mais acostumado a se relacionar com adultos do que com crianças deixasse as colegas ligeiramente cautelosas em relação a ele. Arun tinha uma forma de falar muito desenvolvida, o que encantava os adultos, mas era desconcertante para as crianças. Demorou alguns meses para que encontrasse um amigo que estivesse disposto a ficar com ele e a brincar das mesmas coisas. Arun se tornou bastante possessivo com esse amigo e ficava muito irritado quando ele desejava se juntar a outro grupo. Aos poucos, Arun parou de querer controlar tudo: conseguiu deixar que o amigo fosse brincar com outras crianças e aprendeu a esperar que ele voltasse mais tarde. Enquanto esperava, brincava bem contente sozinho, o que era muito diferente de algum tempo antes, quando se mostrava tão desesperado.

Algumas crianças são solitárias por natureza e precisam de períodos sozinhas em que fiquem perfeitamente felizes. Mais do que isso, ficar sozinho pode levar a explosões de criatividade e imaginação. Uma criança de cinco anos bastante precoce e que, por ser filha única, estava acostumada a distrair a si mesma, escreveu a própria peça de marionetes e, depois, a encenou e interpretou todos os papéis! Contanto que a criança tenha amigas a quem possa se juntar quando estiver cansada da própria companhia, ficar sozinha é positivo. Contudo, com tantos jogos virtuais, videogames e, claro, programas de televisão para distraí-la e distanciá-la tanto da imaginação como do contato humano real, há outro tipo de estar sozinho que não ajuda nem um pouco a estimular a criatividade. Na verdade, acaba até por asfixiá-la. Desde os quatro ou cinco anos, a criança pode começar a usar um console portátil, por exemplo, para evitar ter que interagir com o mundo real.[7] Uma professora da educação infantil explicou que, às segundas-feiras, ela sempre garantia que as bicicletas, os triciclos e os patinetes estivessem disponíveis no pátio na hora do recreio, porque as crianças tendiam a voltar para a escola com muita energia reprimida. Só lhe ocorria uma explicação para isso: imaginava que elas haviam ficado a maior parte do tempo inativas durante o fim de semana, sentadas em frente ao computador, ao videogame ou à televisão.

Parte do problema pode estar no fato de que mães e pais já não se sentem seguros, com alguma razão, em permitir que a filha brinque com outras crianças na rua ou em parques. Se o adulto precisa monitorar a criança a todo momento e estar disponível para levá-la à casa de amigos ou a atividades depois da escola, é claramente mais fácil deixá-la sentada em casa, segura, no tempo livre, mesmo que isso signifique longos períodos de inatividade. Hoje em dia, espera-se que mães e pais façam muito mais pela filha do que era feito no passado – mesmo uma partida de futebol com as amigas no parque exige que um adulto leve todas até lá e espere até o fim –, e isso ao mesmo tempo que dão conta da própria vida atribulada. Não é nenhuma surpresa que mães e pais exaustos às vezes deem boas-vindas ao silêncio de uma filha absorvida por joguinhos virtuais.

É fácil diferenciar, de um lado, crianças que não gostam muito de brincar sozinhas mas que, como Arun, precisam descobrir formas de interagir com outras crianças sem as afastar e,

7 A exposição precoce e intensa de crianças a dispositivos digitais, especialmente o uso de smartphones e mídias sociais, tem gerado crescente preocupação entre educadores, profissionais de saúde e cuidadores. Pesquisas recentes apontam consequências significativas dessa hiperconexão, incluindo o aumento de transtornos mentais entre crianças e adolescentes. Ver referências no final do volume. [N.E.]

de outro, crianças que são bastante autossuficientes e felizes quando estão sozinhas. Mas é ligeiramente mais preocupante observar a quantidade de crianças que se desliga de interações sociais e da própria imaginação para brincar com jogos eletrônicos. Isso não quer dizer que esse tipo de jogo seja de todo ruim. Com moderação, eles podem ajudar a coordenação olho-mão da criança, e alguns são educativos e auxiliam no começo da leitura e no aprendizado dos números. Mas uma criança que tenha problemas em fazer amigos pode muito bem considerar menos desafiador se relacionar com um mundo de realidade virtual. Como vimos, Arun continuou tentando interagir com outras crianças e, com o tempo, encontrou um amigo com quem brincar. Caso houvesse se afastado do contato social e ficado imerso num jogo virtual, ele poderia ter se isolado ainda mais.

Também há momentos em que uma criança muito contrariada pode berrar um "Me deixe em paz!" quando, na verdade, quer que alguém venha até ela e a faça se sentir melhor. Toda mãe e todo pai provavelmente já passaram por essa experiência em algum momento, com o acréscimo de um "Eu te odeio!" e "Queria que você não fosse minha mãe!". Quanto mais isso for tolerado nessa idade, menos tenderá a aparecer na adolescência!

4

OS LIVROS E A LEITURA PARA A CRIANÇA

USANDO LIVROS PARA FALAR DE MEDOS COMUNS

"Lê de novo!"

Hoje em dia, há uma quantidade tão grande de bons livros infantis que às vezes fica difícil escolher. Muitas mães e muitos pais lerão para os filhos livros que conheceram quando eram mais novos. Em si, essa atitude pode ser uma ligação entre o adulto e a criança no presente com o adulto como criança no passado. Um adulto que possa se lembrar dos próprios estados mentais de quando era pequeno terá mais facilidade de sentir empatia pelos sentimentos e estados atuais do filho.

Crianças de quatro a cinco anos adoram que os adultos leiam uma história para elas. Na educação infantil, é comum que mesmo as crianças mais desordeiras e que não param quietas consigam aguentar alguns minutos tranquilas enquanto um livro está sendo lido para o grupo inteiro, sobretudo se as frases forem curtas e memoráveis, com muitas repetições. Rimas e ritmos são importantes nesse estágio. No capítulo 2, dei o exemplo de como os livros podem ser úteis para ajudar a criança a sentir uma conexão entre a casa e a escola e entre a mamãe e os professores. Foi o que aconteceu quando Nick levou o livro sobre monstros horríveis – e muito grosseiros. A professora leu o texto em voz alta para a classe toda, que se divertiu bastante, e o livro acabou sendo emprestado por um dia para outro menino, Ben, para que a mãe dele também pudesse lê-lo para o filho.

Livros são uma boa forma de trabalhar a ansiedade de uma situação real ou imaginada e fazer com que aquela coisa assustadora ou perturbadora seja vivida com personagens fictícios. Com os livros, a criança conseguirá explorar esses medos em segurança e à distância e, talvez o mais importante, poderá descobrir que os sentimentos por que passou não são incomuns e que ela não é a única a se sentir daquela forma. Em outras palavras, sentimentos assustadores podem ser identificados e nomeados, e a criança também pode pensar sobre eles. Talvez essa seja uma das razões por que as crianças pedem que o mesmo livro seja relido várias vezes, como se, ao repetir o tema central da obra, elas começassem a se sentir no controle de sua ansiedade, seja ela qual for. Nessa idade, há uma oscilação constante entre querer correr de volta para a segurança dos braços da mãe - ou seja, voltar a ser tratada como o bebê indefeso e adorado que a criança costumava ser - e o desejo de explorar o mundo exterior e se tornar independente.

BONS LIVROS PARA LER PARA A CRIANÇA

"É uma delícia, coisa fina, é macia, é divina."

Um dos melhores livros para ajudar as crianças a lidar com a ansiedade é *We're Going on a Bear Hunt* [Vamos caçar um urso], com texto de Michael Rosen e ilustrações de Helen Oxenbury. Enquanto uma família sai em uma aventura que vai ficando cada vez mais difícil e assustadora, cada página termina com as palavras "não estamos com medo". É só quando encontra o urso que havia decidido caçar que a família pode admitir o terror que está sentindo e correr de volta para a segurança de casa. O livro cria uma tensão que vai se acumulando até o ponto culminante da fuga, o que é muito atraente para crianças de quatro a cinco anos, sobretudo porque a mãe e o pai da história são apresentados como tão assustados quanto os filhos - embora, ao mesmo tempo, continuem a protegê-los dos perigos reais.

O crocodilo enorme, de Roald Dahl, contém todos os sentimentos, tanto bons como ruins, que as crianças sentem em relação a si mesmas. Nessa história, a parte voraz e não tão boa que a criança tem dentro de si, e que muitas vezes gera nela o sentimento de culpa, é cindida na forma de um crocodilo. Na verdade, Dahl tem dois crocodilos: o do título, que se incha de voracidade e de um senso de poder, e um "Não Tão Grande", que não cai nas tentações do outro crocodilo para fazerem juntos coisas "horrorosas". Como em todas as boas histórias, no fim o crocodilo enorme é punido, o que agrada ao senso de certo e errado da criança. Parece justo que o crocodilo deva ser severamente punido pelo desejo destrutivo de matar criancinhas e pela voracidade insaciável. Isso também ressoa em muitas crianças que precisam encarar o nascimento de um irmão e os inevitáveis sentimentos contraditórios que são trazidos à tona; crianças nessa situação precisam sentir que seus rompantes ocasionais de ódio contra o recém-chegado não causam danos reais, já que há adultos por perto para proteger os filhos - assim como os outros animais da história garantem que o crocodilo enorme não conseguirá apanhar e devorar alguma criança.

Embora se possa pensar que a linguagem de *O crocodilo enorme* é difícil para essa faixa etária, as crianças gostam do som de palavras desconhecidas, ainda que talvez não entendam tão bem o significado delas - e a história em si é bastante simples. Quando se trata de expor as crianças a um grau de linguagem que possa ser considerado avançado demais para elas, temos que pensar em *As aventuras de Pedro Coelho*, de Beatrix Potter, e do uso que a autora faz da palavra "soporífico" para descrever o estado de sonolência produzido pela ingestão de alfaces em excesso. *O crocodilo enorme* está repleto de reiterações de sons e de rimas que as crianças adoram repetir. Mesmo quando um dos filhos, agora já no fim da adolescência, perguntava o que teriam para o jantar, uma família costumava citar passagens do livro. Vinha como resposta:

É uma delícia, coisa fina,
É macia, é divina,
Melhor que peixe quando estraga.
Você morde e esmaga,
Mastiga e bem devagarinho
Engole o miolo docinho.

Não surpreende que tantos livros destinados a essa faixa etária falem de personagens que são colocados em perigo por personagens com intenções malignas, maiores e mais fortes. Crianças de quatro a cinco anos de fato se assustam facilmente tanto com os monstros imaginários como com situações reais em que são lembradas de quão pequenas e dependentes da mãe e do pai ainda são. Talvez você se lembre das crianças da educação infantil que faziam as primeiras incursões no parquinho maior e de quanto tempo demorou até verem as crianças maiores como amigáveis, como crianças que não tinham intenção de machucá-las.

Algumas crianças acham difícil reconhecer que a dependência continua, já que isso aumenta a ansiedade sobre a perda de pessoas de quem ainda dependem tanto. É muito comum que uma criança tenha fantasias de que se torna órfã de um rei ou de uma rainha e, depois, que essas fantasias transbordem em um horror real de ser deixada completamente sozinha, abandonada pela mãe e pelo pai verdadeiros. Como ela sobreviveria? Nesses casos, livros que explorem esse tipo de medo são particularmente úteis. Já vimos como "João e Maria" e muitos outros contos de fadas lidam com esse tema, mas uma versão mais atualizada é o maravilhoso livro *O grúfalo* (texto de Julia Donaldson e ilustrações de Axel Scheffler), em que o personagem principal, um ratinho, consegue sozinho levar a melhor sobre todos os predadores maiores e mais ferozes que querem devorá-lo.

O grúfalo é um livro que usa um padrão rítmico constante, que não muda a não ser por uma palavra, a qual designa os diferentes animais encontrados pelo ratinho a cada página. É o mesmo recurso adotado em *We're Going on a Bear Hunt*, que torna situações potencialmente aterrorizantes de alguma forma suportáveis para a criança. É a familiaridade das frases que lhe dá um senso de que conseguirá encarar as coisas assustadoras, e não fugir delas. Por exemplo: "Um ratinho foi passear na floresta escura. A raposa viu o ratinho e o achou apetitoso". A raposa então é trocada por uma coruja, uma cobra e, finalmente, o terrível grúfalo em si. Em *We're Going on a Bear Hunt*, a mesma técnica é usada. Cada página esquerda traz "Que dia lindo! Não estamos com medo". Depois, na página da direita, aparece o perigo: "Puxa vida! Um rio/lama/uma floresta/uma caverna...", e o reconhecimento de que o perigo deverá ser enfrentado: "Oh, não!... Temos que seguir adiante!", até que a família chega ao maior perigo de todos: o próprio urso. *O grúfalo* é diferente, porque se trata de um monstro da imaginação que, de repente, aparece bem na frente do ratinho, que precisa confrontá-lo no mundo real.

O medo de que a criança possa ficar tão selvagem e descontrolada que acabe por destruir aqueles de quem é mais próxima é expresso de modo mais claro em *Onde vivem os monstros*, de Maurice Sendak. Diante de toda a "bagunça" causada por Max, uma criança pequena, "a mãe dele o chamou de 'MONSTRO!' e Max disse 'OLHA QUE EU TE COMO!' e acabou sendo mandado para a cama sem comer nada". Max se bate com seus sentimentos enfurecidos ao imaginar que é rei dos monstros – um falso senso de poder parecido com o de *O crocodilo enorme*. Max se atribui o poder de domar e controlar os monstros, assim como é controlado pela mãe quando ela o manda para o quarto. No entanto, o quarto também lhe dá as fronteiras físicas de que ele precisa para conseguir se acalmar. O menino está fisicamente protegido e a salvo, e isso permite que vá além das fronteiras da imaginação. É evidentemente preferível criar o caos dentro de nossa própria mente, e não na realidade.

Não demora até que Max perceba que está sozinho e com fome; em outras palavras, quando a fúria passa, ele é capaz de aceitar o fato de que aquilo de que mais precisa é do amor e do cuidado de alguém que "gostasse dele de verdade". Max desiste da crença onipotente de que é todo-poderoso e, por isso, não precisaria de uma mamãe ou de um papai quando a realidade de que é um menininho se reapresenta a ele.

O Max fictício é uma criança como todas as outras, ou seja, uma criança que precisa encontrar uma forma de controlar seus acessos de fúria e seus impulsos destrutivos para se tornar "civilizado". Max já não é mais uma criança de dois anos que está fora de controle no meio de um ataque de birra. Está começando a ter noção de quais comportamentos são aceitáveis e a conseguir usar os pensamentos e a imaginação para voltar à civilização.

Todas as histórias que mencionei trazem os medos infantis usuais e apresentam resoluções que mostram como eles podem ser menos assustadores. É por isso que são ferramentas tão importantes para ajudar a criança a se identificar com uma variedade de personagens em situações diferentes e em estágios diferentes.

Há benefícios para os adultos, também. Incentivar mães e pais que fracassaram em criar vínculos com o bebê e o filho pequeno a começar a ler em voz alta para a criança pode produzir resultados impressionantes. Para um grupo de mães que vinham de contextos de muita privação e que não haviam tido a experiência de alguém que lesse para elas, o ato de ler uma história em voz alta era uma forma de se comunicar com as crianças, ainda que às vezes as deixasse muito conscientes daquilo de que elas mesmas foram privadas. A mãe de um filho no espectro autista descobriu um caminho para o interior do mundo dele através dos livros, apesar de muitas vezes ter de reler a mesma história de novo e de novo. Era o único momento em que o filho permitia que ela se aproximasse fisicamente dele.

A leitura em voz alta para a criança proporciona o compartilhamento de um tipo especial de intimidade e de proximidade. A maior parte de nós se lembra de quando alguém leu para nós, quer na escola, quer em casa. Uma das delícias da infância é ser tragado para um mundo fictício e, às vezes, assustador enquanto sentimos a segurança reconfortante de ambientes familiares.

5

ANSIEDADES E PREOCUPAÇÕES

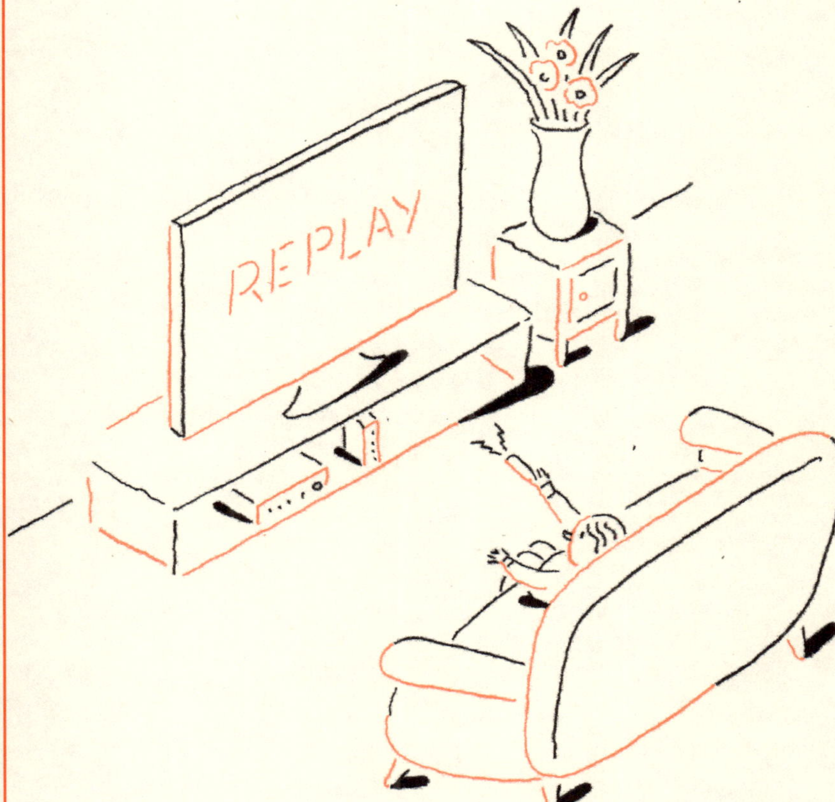

LIDAR COM A PERDA

"Espero que você não morra."

Toda mudança deixa algo para trás para que o novo seja experimentado. Antes de chegar ao ponto em que estão agora, aos quatro ou cinco anos, as crianças já terão sido obrigadas a lidar com várias mudanças, e todas envolverão términos e perdas de algum tipo. Como a criança lida com a perda depende muito da natureza de seus vínculos primários, o que quer dizer que, quanto mais firmes ela sente que eles são, melhor conseguirá se agarrar à ideia de que a perda também pode acarretar um avanço em seu desenvolvimento. Talvez outra forma de olhar para isso seja pensar por que algumas crianças nessa faixa etária tendem a testar coisas novas com confiança enquanto outras sentem que as novas experiências engendram nelas pânico e ansiedade. Caso uma criança se sinta insegura a respeito de quanto é amada ou tenha a sensação de que a mãe ou o pai estão emocionalmente indisponíveis para ela (e pode haver muitas razões para isso, como as preocupações com um novo bebê), então é possível que encare as mudanças como caóticas e aterrorizantes. Toda a energia que deveria ir para a aquisição de novas experiências pode, em vez disso, ser usada para aguentar firme - fisicamente - a fim de afastar esses sentimentos horríveis de pânico.

Carla, a menininha italiana que, para aguentar firme, acabava mandando nas outras crianças (capítulo 3), havia perdido seu país, sua cultura e sua língua, além de avós e avôs muito amados. Porém, e talvez isso tenha sido o mais significativo, ela havia perdido aquela mãe que conseguia estar emocionalmente indisponível para ela, uma vez que sua mãe também estava lutando com a perda de *sua própria identidade* num país onde não conseguia se comunicar com facilidade. Uma forma de lidar com a perda é negá-la para evitar sentimentos muito dolorosos. Mas o problema, nesse caso, é que uma mudança ou um movimento em direção a algo novo disparará sentimentos mal resolvidos relacionados a perdas anteriores e fará com que a criança se sinta em uma situação ainda mais precária do que antes. "Como respostas ao risco de perda, ansiedade e raiva estão de mãos dadas", diz Bowlby.[8] Carla sem dúvida mostrava raiva em seus olhos: eles se estreitavam e brilhavam enquanto mandava nas crianças a torto e a direito.

Angus, que estava com quatro anos, lidou com duas grandes mudanças - o nascimento de um irmão e o começo da escola em tempo integral - exercendo um senso de controle sobre o videocassete. Todas as tardes, quando voltava da escola, ele corria para a sala e punha uma de suas fitas favoritas no aparelho. O menino assistia até certo ponto da história e, então, rebobinava a fita até o começo. Ele nunca se permitiu chegar ao fim; parecia encontrar conforto na familiaridade do que era conhecido e não exigia reflexão nem conflito (ou resolução). Ele sabia todas as falas de cor e salteado e acompanhava o trecho do filme com todas as ações e diálogos. Imitava as imagens a fim de garantir que não haveria surpresas desagradáveis à vista. A repetição de cada palavra e ação fazia Angus se sentir no controle e, quando ele ficava satisfeito, criava o próprio fim ao desligar o videocassete. Se Angus houvesse arriscado usar as palavras de modo criativo, ou seja, se tivesse uma conversa com uma pessoa real, como a mãe, ele não teria conseguido antecipar nem controlar as respostas. Isso o colocaria em contato não só com a diferença e a separação em relação à mãe,

8 John Bowlby, *Uma base segura: aplicações clínicas da teoria do apego*, trad. Marcos Vinícius Martim da Silva. Porto Alegre: Artmed, 1989, p. 84.

mas também com a falta de autonomia sobre eventos variáveis. Depois de assistir ao mesmo trecho dez ou quinze vezes, Angus se aconchegava no sofá e dormia. Essa parecia ser sua forma de regular e controlar o que era aceitável e tolerável – o que, naquele momento, nitidamente não era o caso de nenhum tipo de fim. Foi só quando a fita por fim quebrou por excesso de uso que Angus conseguiu deixá-la de lado e ver outro filme – o qual, aliás, assistiu até o fim sem grandes ansiedades.

Às vezes, os adultos pensam que crianças de quatro a cinco anos são pequenas demais para serem afetadas pela perda ou por mudanças. É bastante compreensível que os adultos queiram proteger o filho e não lhe contem toda a verdade, mas as fantasias infantis sobre mudanças ou fins dolorosos costumam ser muito piores e muito mais assustadoras do que a realidade.

A mãe e o pai de Danny não falaram com ele sobre a separação do casal; disseram apenas que ele e a mãe iriam morar com a avó e o avô, que viviam em outra parte do país, por um longo período. Danny ficou animado com isso e, pela primeira vez em algumas semanas, se divertiu enormemente. A avó e o avô lhe fizeram uma grande festa. Foi só depois de um tempo considerável que a criança começou a perguntar onde o papai estava e quando iria vê-lo de novo. A mãe continuou sem conseguir contar a verdade, até que um dia as coisas chegaram ao ápice. Danny havia sido matriculado na escola primária local e foi levado para conhecer a nova professora e as outras crianças. Já era o meio do período letivo. Danny não era ingênuo, e mesmo ele foi capaz de perceber que, se estava indo para escola, a família já não estava mais de férias. Suas perguntas ficaram mais insistentes, até que, finalmente, a mãe desmoronou e lhe contou que os dois ficariam com a vovó e o vovô e que ela e o papai não viveriam mais juntos. A mãe teve dificuldades em entender a reação inicial do filho a essas notícias até que, enfim, percebeu que Danny havia pensado que o pai estava morto e que a mãe estava triste demais para lhe contar - Danny havia notado sussurros entre a mãe e a avó, conversas interrompidas misteriosamente quando ele aparecia. O alívio foi claro quando ele percebeu que ainda poderia ver o pai e que, depois que as coisas se acalmassem, poderiam até mesmo passar fins de semana e férias juntos.

Uma coisa estranha é que professores e outros profissionais que trabalham com crianças muitas vezes sentem dificuldade em lhes dizer que mudarão de emprego. Eles tendem a postergar até o último minuto o anúncio de que não estarão lá no próximo semestre, o que não dá à criança uma chance para que se prepare e se acostume com a perda. Todos os adultos têm suas próprias defesas para evitar sentimentos dolorosos e, no curto prazo, pode parecer mais fácil ignorar mudanças significativas, menosprezá-las ou imaginar que sair sem se despedir causará menos inquietações. Mas a criança ficará com o sentimento de que essas coisas são terríveis demais para que se possa falar sobre elas. O pavor de algo que não pode ser nomeado aumentará muito mais a ansiedade do que o reconhecimento de que algo mudará e de que é possível se preparar para isso.

Uma turma de educação infantil ficou ansiosa com a ausência da professora em determinado dia. Essa turma em particular tinha como hábito dizer, durante a chamada da tarde: "Boa tarde, professora. Eu amo a senhora. Espero que esteja tudo bem", além de outras frases como: "Espero que você não vire uma cobra/lesma/robô etc.". A professora, sra. Wright, respondia a cada comentário com graça e bom humor. Mas, quando ficou doente e precisou faltar, a classe demonstrou à professora substituta a preocupação que estava sentindo, ao falar coisas como: "Espero que você não fique doente/morra/vire um esqueleto". Quando a sra. Wright voltou, a classe estava estranhamente desanimada, e a maior parte dos alunos disse apenas que a amava e que esperava que ela estivesse melhor agora. Na semana seguinte, todos voltaram ao eu normal, e os comentários que gritavam durante a chamada foram ficando cada vez mais absurdos, como: "Espero que você não vire um carro de corrida!". Claro, não há como preparar as crianças para uma doença inesperada, mas podemos ficar atentos à preocupação que elas venham a demonstrar.

Um luto real na família é algo que não precisará ser enfrentado pela maior parte das crianças de quatro a cinco anos. Mas pode acontecer, e, quando acontece, talvez seja hora de buscar ajuda profissional. É esperar demais que uma mãe que esteja lidando com a própria tristeza diante da perda de um filho ou de um parceiro, por exemplo, consiga demonstrar ao mesmo tempo empatia pelo sofrimento da criança que está a seu lado. A própria criança provavelmente terá sentimentos muito fortes de culpa, raiva e tristeza que talvez precisem ser ouvidos por alguém externo à família próxima.

Se for possível ajudar a criança a conservar uma memória agradável do relacionamento perdido, sem apagá-lo de seus pensamentos como se nunca houvesse existido, então ela estará apta a começar a seguir em frente para novos relacionamentos, com confiança e esperança.

OBSTÁCULOS AO APRENDIZADO

"É muito difícil pensar nisso."

Uma criança muito preocupada com problemas familiares não terá espaço em seus pensamentos para começar a fazer coisas novas. Sentimentos difíceis são obstáculos ao aprendizado. Se a criança estiver tomada por ansiedades quanto à própria sobrevivência ou à das pessoas próximas (e me refiro a isso em termos psicológicos, e não na realidade), ela concentrará todos os esforços em tentar se manter protegida e a salvo. Não sobrará espaço para o tipo de atividade mental necessária ao aprendizado. No sentido biológico, o mecanismo de luta ou fuga será ativado e a criança poderá se defender contra um ataque imaginado com um contra-ataque ou com distanciamento.

É o caso de Errol, um menino de quatro anos cuja fala era bem pouco desenvolvida. Ele parecia ter consideração excessiva pelo estado emocional da mãe. Achava difícil deixá-la sair de seu campo visual - em parte porque não conseguia imaginar que nenhum dos dois seria forte o suficiente para sobreviver por conta própria. Isso era demonstrado pelo desespero que sempre sentia ao notar um machucadinho ou um pequeno corte nas mãos ou nas pernas da mãe quando ela voltava para buscá-lo, o que fazia com que começasse a chorar. Qualquer tipo de machucado era insuportável e parecia confirmar seus piores medos. Errol acreditava que, se ele falasse, as palavras que sairiam de sua boca seriam tão violentas e destrutivas que elas também machucariam a mãe de modo irreparável. O menino chegava a encher a boca de lenços de papel empapados para impedir que as palavras escapassem e, ao mesmo tempo, bloqueava a boca de um crocodilo de brinquedo com papel e depois a mantinha firmemente fechada com as mãos. Quando enfim esvaziava a boca do crocodilo - mas não a sua própria -, o menino fazia o brinquedo andar pela sala mordendo e rasgando tudo o que estivesse à vista.

Errol precisava de ajuda profissional para conseguir separar pensamentos e palavras das ações e para entender que não há problema em ter sentimentos raivosos que nem sempre são convertidos em ações raivosas. Assim que isso ficou claro, Errol pôde correr o risco de falar - especialmente para dizer que estava "muito bravo com você; eu te odeio" - sem que nada de desastroso acontecesse como consequência. Ele descobriu que era possível e seguro odiar as pessoas que amava muito. E, assim que isso aconteceu, ele ficou pronto para direcionar os pensamentos para outras coisas e para começar o processo de aprendizado formal.

Errol é um exemplo extremo da criança que acredita que pensar alguma coisa, sobretudo algo ruim, é o mesmo que fazê-la. Mas muitas crianças de quatro anos podem sentir medo de ter pensamentos ruins, como se imaginassem que os adultos seriam capazes de ler a mente e puni-las por serem malvadas ou, então, que esses pensamentos fariam coisas ruins acontecerem na realidade. Aos quatro anos, ainda pode haver alguma falta de clareza entre o que é imaginado e o que é real, entre causa e efeito.

Sarah estava convencida de que, por mágica, podia fazer a irmã dormir se ela se concentrasse o suficiente. A bebê em geral dormia imediatamente depois de mamar, quando já estava sonolenta, mas isso não era algo que Sarah levava em consideração. A menina havia entendido a causa errada para aquele efeito! Claro, também havia uma hostilidade implícita contra aquela bebê que estava recebendo todo o leite da mamãe. Ao "fazer" a irmã dormir, Sarah se livrava dela e recuperava a atenção da mãe. Roald Dahl é muito bom em tocar nessa crença das crianças pequenas. Ele criou uma quantidade razoável de heróis e heroínas infantis que conseguem alterar os eventos com o uso de alguma forma de pensamento mágico. Uma dessas personagens é a menina com o "dedo mágico", que, no livro com esse mesmo nome, simplesmente aponta para as coisas que deseja mudar. E em *Matilda* também há a menininha que emprega seus "poderes mentais" para se livrar da diretora da escola e de outros personagens malvados.

Aos cinco anos, a convicção da criança de que pode fazer as coisas acontecerem com pensamentos mágicos praticamente desapareceu. Isso se deve em parte aos testes de realidade que se repetem muitas e muitas vezes no universo da escola. Ela logo descobrirá que não controla certas coisas e que, não importa quanto queira, não conseguirá fazer com que pessoas desagradáveis desapareçam num passe de mágica!

Há muitas razões pelas quais uma criança pode não estar numa posição que permita o aprendizado e talvez ela precise de ajuda com seus problemas emocionais antes de dar início ao processo mais formal, por exemplo, da aquisição das habilidades de leitura e escrita. Um caso impressionante é o de Graham, um menino que estava a poucos meses de completar seis anos e era incapaz de compreender a noção de tempo. Ele havia sofrido abuso infantil e fora afastado da mãe natural e levado a uma série de guardiões temporários,[9] com relação aos quais nunca sabia se era realmente querido ou por quanto tempo aquilo "duraria". Graham não sabia nem os dias da semana, nem a própria idade. Sempre que alguma noção de tempo era mencionada, ele recaía num frenesi de ira violenta. Ele não podia arriscar reunir passado, presente e futuro, já que sua curta vida havia sido tão repleta de violência e incerteza. Se Graham se permitisse entender o tempo, teria de se abrir para a confrontação das dores do passado com um ambiente que não o protegeu quando era bebê e para um futuro aos cuidados de guardiões temporários em cuja companhia não permaneceria até ele crescer.

No curso daquele ano, a tia paterna, que havia se candidatado a cuidar do menino, e o próprio Graham foram auxiliados na construção conjunta de um relacionamento de confiança. Depois que pôde acreditar de verdade que a tia o amava e queria cuidar dele de modo permanente, Graham começou a notar, primeiro,

9 O texto se refere aqui a *foster parents*, adultos que assumem responsabilidade pelos cuidados de uma criança por um período limitado de tempo, sem que isso configure adoção. [N.E.]

quais eram os dias da semana e, depois, a falar espontaneamente sobre eventos que haviam acontecido no passado. Ele enfim conseguiu olhar para o futuro próximo e, com o tempo, a pensar em termos do ano seguinte e do ano depois deste. Quando conseguiu resolver a questão do tempo, Graham se mostrou pronto para aprender a ler e a escrever.

Esse exemplo revela como os fatores emocionais podem atrapalhar de forma dramática o processo de aprendizado e como esse quadro pode passar por uma reviravolta igualmente dramática. A maioria das crianças, felizmente, tem a oportunidade de compartilhar com mãe, pai ou cuidadores uma vida comum que abarque passado, presente e futuro. A criança consegue relacionar as experiências presentes com as passadas e, assim, aumenta suas estruturas de conhecimento. E uma mãe ou um pai estão na melhor posição para entender o que a criança está tentando dizer, por terem o conhecimento compartilhado da vida dela até então. Quando essas coisas estão bem estabelecidas, a criança pode se desenvolver intelectualmente.

A maioria das crianças fica entre os extremos de Graham (e de sua situação familiar) e de uma vida familiar em que tudo funciona sem percalços. É possível que crianças com problemas em casa se tornem desordeiras e comecem a querer atrair atenção quando iniciam o percurso escolar – para elas, mesmo a atenção negativa é melhor do que nenhuma atenção – ou se retraiam e façam cada vez menos demandas. No entanto, como vimos mais cedo com Archie, que se tornou o encrenqueiro da classe, o papel do professor pode contribuir de modo significativo para oferecer a "oportunidade de experimentar a esperança de outras possibilidades".[10] É comum, contudo,

10 Paul Greenhalgh, *Emotional Growth and Learning*. London: Routledge, 1994, p. 72.

que as crianças quietas e menos ativas sejam deixadas de lado simplesmente por não estarem fazendo bagunça. De modo bastante compreensível, quando um professor tem que lidar com uma classe de 25 crianças ou mais, quem tende a receber atenção são as mais arruaceiras e que perturbam os colegas. É preciso um professor sensível para identificar a criança que pode estar passando por dificuldades quando ela não é capaz de verbalizar isso.

O aprendizado de uma nova habilidade sempre envolve algum grau de frustração. O que vai impactar o futuro aprendizado de cada criança é a maneira como ela reage a essa frustração de não conseguir dominar algo de imediato. Algumas crianças entrarão em desespero e terão vontade de desistir, outras tentarão controlar a situação manipulando-a, outras, ainda, conseguirão cultivar a curiosidade que lhes permitirá se debater com um problema com a esperança de solucioná-lo. Quanto mais a criança tenha tido a experiência de aprender com as frustrações do passado, menos ela tentará escapar da inevitável frustração inerente às coisas novas ou buscará se esquivar delas com um sentimento de onipotência.

Por "aprender com a frustração", quero, por exemplo, expressar a ideia de um bebê que não recebe imediatamente o peito quando está com fome começará a criar uma imagem do peito que não está ali. Esse é o começo dos processos de pensamento e imaginação. Um bebê que nunca fica frustrado, isto é, que recebe o peito antes mesmo que saiba que está com fome, nunca precisará fazer esse trabalho - e, inversamente, um bebê negligenciado e deixado com fome se tornará ansioso demais para conseguir mentalizar qualquer coisa que seja. Isso pode ser visto em crianças de quatro anos: aquelas que tiveram excesso de frustrações no passado tenderão mais a serem tomadas pelo desespero e a desistir quando confrontadas com uma nova tarefa, e aquelas cujas necessidades tenham sido atendidas rápido demais possivelmente lidarão com toda situação nova com uma onipotência que elimina a espera e a frustração. Um menino de cinco anos e meio era um enigma para a professora: embora fosse muito inteligente, estava bem atrás das outras crianças nos processos de leitura e escrita. Como se descobriu mais tarde, o menino pensava que não precisaria fazer nenhum esforço, porque simplesmente "saberia" as coisas do mesmo modo que o pai, acreditava ele, havia adquirido os próprios conhecimentos.

Na verdade, crianças de quatro a cinco anos não são diferentes de adultos. Todos nós preferimos evitar nos confrontar com a incerteza e ficamos irritados quando nos frustramos. Todos ansiamos por respostas simples e imediatas. Mas o que é fundamental para o aprendizado é a capacidade de se aferrar à curiosidade. Um exemplo disso é o dado por Jessica, que queria descobrir como havia chegado ao mundo e como a mamãe e a vovó dela haviam chegado ao mundo. "É muito difícil pensar nisso", ela disse, mas continuou a tentar solucionar a questão – diferentemente de Tina, que decidiu que conseguiria gerar o próprio bebê sem a ajuda de mais ninguém (capítulo 3).

DOENÇA E OUTROS PROBLEMAS

"É por minha culpa que ele está doente."

Johnny, que havia acabado de completar quatro anos e estava começando a educação infantil, precisou ir ao hospital durante a noite para fazer uma cirurgia de fimose. A mãe estava preocupada com o que isso poderia significar para ele, mas o irmão mais velho, Hugh, não estava, e intensificou consideravelmente os medos da criança ao fazer provocações e ao dizer que cortariam o pipi dele. A mãe precisou garantir várias vezes que isso não iria acontecer. O pai também piorou os medos ao expressar em voz alta as próprias dúvidas quanto a ter um filho circuncidado por razões médicas, e não religiosas. Qual seria a identidade do filho depois do procedimento? Uma operação como aquela despertou medo nos homens da família, o que fazia da mãe de Johnny a única capaz de oferecer uma perspectiva diferente para as coisas. Irmãos mais velhos podem ser particularmente cruéis em casos como esse, talvez por despertarem neles as próprias dúvidas sobre sua identidade recém-formada. Hugh e o pai se uniram numa época em que Johnny precisava particularmente que o pai o ajudasse a sentir que nada do que seria cortado o tornaria menos homem e, portanto, diferente dos homens da família.

No hospital, Johnny foi apresentado a um terapeuta do brincar que ajudou a explicar exatamente o que aconteceria na cirurgia e como ele se sentiria depois. Johnny pôde "fazer" a operação em bonecos e em ursinhos de pelúcia, e tudo isso o tranquilizou bastante. O irmão continuou a provocá-lo por algum tempo depois, mas a mãe e o pai se recusaram a tomar parte nisso e, com o tempo, as provocações pararam.

Quando a mãe ou o pai está doente, sentimentos bem diferentes vêm à tona. Uma criança de quatro a cinco anos que esteja enfrentando a escola e o mundo exterior ficará desestabilizada caso o adulto não consiga se concentrar nas mudanças da vida dela em razão de seus próprios problemas. Caso isso aconteça, a criança precisará de uma explicação direta num nível apropriado para que possa entender o que está errado e o que poderá ser consertado no futuro. Estou pensando em particular num pai que sofria de depressão clínica severa quando o filho mais novo, Rahul, tinha quatro anos e o filho mais velho, sete. Naturalmente, a mãe das crianças estava preocupada com o estado de saúde do marido e desviou a atenção que dedicava às crianças para concentrá-la no companheiro. Os adultos acreditavam que a criança de quatro anos não perceberia a alteração no estado do pai. A criança de sete anos recebeu uma explicação do que estava acontecendo e, assim, tinha uma compreensão maior do problema do pai. Ela também foi reconfortada de que as coisas melhorariam. Mas Rahul foi deixado num estado de confusão total. Na escola, ele se tornou quieto e retraído e, às vezes, caía aos prantos em momentos inesperados. Foi só quando a professora pediu uma reunião com a mãe e o pai que a questão foi explicitada e a mãe percebeu quão assustado o filho devia estar com a mudança no comportamento de todos os membros da família, e em especial com a falta de interesse geral nas conquistas de Rahul.

Como mencionei antes, a criança que não entende o que está ocorrendo, mas tenta compreender isso por conta própria, geralmente acabará com fantasias e medos muito piores do que a que recebe uma explicação para os acontecimentos - de um jeito adequado à faixa etária. Rahul culpava a si mesmo pela doença do pai e pensava que a mãe havia parado de demonstrar amor porque estava brava com ele por ter causado aquele estado de coisas. As crianças dessa idade costumam culpar a si mesmas pelas desventuras na família, simplesmente porque se sentem muito culpadas pelos pensamentos de ódio e raiva contra a mãe ou o pai que podem ter tido no passado - como já vimos, a crença no pensamento mágico ainda é prevalente entre elas. Parte do trabalho da mãe e do pai é conseguir sobreviver aos ataques emocionais de raiva lançados contra eles pelo filho. Quando o adulto adoece, talvez o filho se veja forçado a concluir que a mãe ou o pai não conseguiram sobreviver a sua fúria infantil.

"Isso vai passar?"

Às vezes, a criança pode começar a se comportar de um modo que sinaliza que nem tudo vai bem. Xixi na cama, perda de apetite, terrores noturnos e ansiedade constante - todos esses fatores podem ser marcadores claros de que alguma coisa está errada. Pode ser algo que se origine de algum infortúnio óbvio, como nos casos apresentados, mas às vezes não existe uma causa definida e a criança está apenas nitidamente infeliz.

Ninguém sabe se o aumento no número de crianças que sofrem com questões de saúde mental de fato reflete mais perturbações desse tipo ou se as pessoas simplesmente estão mais cientes dos sintomas e estão fazendo diagnósticos mais cedo. Em geral são mães e pais que reconhecem desde muito cedo que algo não vai bem com os filhos e que precisam lutar contra a profissão médica para que o problema seja reconhecido e diagnosticado, de modo que diferentes opiniões possam ser consideradas. É muito frustrante quando, cheios de ansiedade, essas mães e pais levam os filhos a um médico só para serem dispensados por estarem se preocupando sem necessidade. Mary ouviu, com relação ao filho muito retraído de quatro anos, que aquilo provavelmente "ia passar". Mas mães e pais podem estar certos ao seguir seus instintos. Há muitos adultos hoje que passaram pela infância sabendo que não eram como as outras crianças, porém não foram diagnosticados antes dos trinta anos. Costumava ser o caso sobretudo daquelas pessoas com Síndrome de Asperger ou de crianças com autismo de alto funcionamento.

Agora, todos sabemos mais sobre crianças com Síndrome de Asperger graças ao sucesso popular de livros como *O estranho caso do cachorro morto*, de Mark Haddon. O menino que narra o livro é um bom exemplo de criança com Asperger que é "ativa, mas estranha".[11] Essas crianças não prestam atenção nos sentimentos ou nas necessidades das pessoas com quem falam e têm pouca compreensão sobre como interagir socialmente. Crianças com sintomas mais intensos se comportam como se as outras pessoas não existissem. Elas costumam evitar o contato visual e olham através ou atrás de nós. Parecem isoladas num mundo só delas.

Todas as crianças com transtorno do espectro autista têm dificuldades de comunicação, mas nem todas as crianças com dificuldades de comunicação são autistas. Pode haver outras razões subjacentes, sejam médicas ou emocionais. Mais cedo, dei o exemplo de um menino de cinco anos que tinha medo de falar porque pensava que as palavras que sairiam de sua boca poderiam machucar a mãe.

Não há dúvida, no entanto, de que, assim como as crianças, também os adultos acham difícil suportar a incerteza de não saber as coisas, sobretudo se estiverem convencidos de que o filho tem um problema real. Nesses casos, um rótulo na forma de diagnóstico pode ser muito tranquilizador para a mãe ou o pai. Tudo se encaixa; todo o comportamento enigmático dos últimos anos pode ser nomeado. "Agora entendo por que ela é assim", exclamou, aliviada, uma mãe. Às vezes, contudo, um diagnóstico pode não ser bem-vindo e estar simplesmente errado, como pensava Margaret. Ela ficou chocada ao ouvir que o psicólogo da escola examinara seu filho de cinco anos, George, e lhe recomendara um ciclo de ritalina (o remédio prescrito para crianças com TDAH) para que se acalmasse. Margaret sempre havia

---

11 Lorna Wing, *The Autistic Spectrum: A Guide for Parents and Professionals*. London: Constable, 1996.

considerado George uma criança perfeitamente saudável, ainda que tempestuosa. Afinal, ele era seu quarto filho, e o terceiro menino da família. A mãe já tinha bastante experiência com as crianças mais velhas e tinha uma boa ideia do que era "normal".

Costuma ser difícil acertar o equilíbrio entre o diagnóstico correto das crianças que nitidamente precisam de intervenção e crianças como George, cujas "travessuras" e dificuldades de concentração são temporárias: a origem estava sobretudo no fato de que o menino não queria se mudar para os Estados Unidos e deixar a família estendida e os amigos para trás. Ele estava tendo dificuldades em se adaptar a todas as mudanças em sua vida.

Uma palavrinha aqui sobre como é fácil se sentir culpado: mães e pais são os primeiros a se culparem pelo que pensam ter feito ou deixado de fazer pelo filho, e, caso a criança comece então a desenvolver formas de comportamento preocupantes, essa culpa é exacerbada. Como diz o ditado: "A culpa é sempre da mãe".[12] Um diagnóstico pode ajudar o adulto a se sentir menos em falta e mais capaz de se concentrar no problema. Em oposição à culpa "inútil", que pode ser incapacitante, a culpa "útil" nos ajuda a fazer as coisas de outro modo da próxima vez.

12 No original, "A mother's place is in the wrong". Trata-se de uma frase irônica que subverte o velho clichê "a woman's place is in the home" (em português, "lugar de mulher é em casa"). Nesta edição, a fim de preservar o jogo de linguagem, optamos por uma frase que subverte um clichê semelhante, "toda mulher nasceu para ser mãe". [N.E.]

6

SEGUIR EM FRENTE

A NECESSIDADE DE LIMITES

"Está bem, acho que não tem problema."

Todas as crianças nessa faixa etária precisam de mães, pais e professores que sejam capazes de estabelecer limites firmes sem serem punitivos demais. Na escola, é bem possível que a criança reaja ao fato de ter de compartilhar a atenção dos professores com todos os outros "irmãos" - pode tentar empurrá-los para fora de seu caminho, às vezes de forma mais velada, às vezes mais abertamente. Se por qualquer razão os adultos fizerem vista grossa (e ninguém nega que às vezes é mais fácil ignorar comportamentos agressivos e torcer para que eles simplesmente sumam por conta própria), a criança ficará com a sensação de que seu mau comportamento passou impune ou de que os professores, mães ou pais têm medo de estabelecer limites - ou mesmo que os adultos concordam com aquela forma de comportamento. Isso fará com que se sinta mais poderosa e tirânica - de um modo que não a ajudará nem um pouco a lidar com suas tendências destrutivas no futuro.

Crianças que foram tratadas dessa forma tenderão a testar cada vez mais os limites, porque, na verdade, ficarão assustadas com o poder de serem tão tirânicas. "Uma criança que não receba os limites apropriados sairá em busca deles",[13] e ser capaz de preservar tais limites enquanto esses testes estiverem acontecendo mostrará a ela que seus sentimentos podem ser emocionalmente sustentados e compreendidos. É comum vermos o alívio da criança quando, diante de um comportamento inaceitável, o adulto consegue dizer um "não" firme de uma maneira que não seja emocionalmente agressiva.

13 Patrick Casement, *Aprendendo ainda mais com o paciente: espaço e processo analítico*, trad. Eva Lúcia Salm. Rio de Janeiro: Imago, 1992.

Mas às vezes falar é mais fácil do que fazer. Como vimos, algumas mães e alguns pais acham particularmente difícil frustrar a criança ou preferem ver a si mesmos como bondosos e generosos, e não como alguém que só dita regras. Jennie, mãe de Jack, de quatro anos, estava determinada a ser diferente da própria mãe, a quem considerava severa e punitiva na forma como tratara a filha naquela mesma idade. E de fato foi diferente, até sua segunda filha nascer e Jack tentar atacar a irmã. O desejo de proteger a bebê entrava em conflito com o desejo de ser bondosa e carinhosa com Jack. Ela também foi pega de surpresa pelo ódio e pela raiva que percebeu em si – e que Jack provavelmente notou, o que o deixou ainda mais assustado. Jennie lidou com todos esses sentimentos difíceis com tentativas de negar a própria raiva e a raiva de Jack, mas a reação do filho foi ficar ainda mais assustado e fora de controle. A mãe permitiu que ele acreditasse que aqueles sentimentos eram de fato insuportáveis e incontroláveis. Quando uma criança como Jack tem a experiência de uma mãe que aparenta demonstrar só amor, ela se vê diante da ilusão de que é a única a carregar todos os sentimentos negativos e, assim, teme não ser amada ou querida. Uma ideia psicanalítica que não raro pega as pessoas de surpresa é a de ser capaz de odiar. O amor da mãe e do pai deve sempre incluir um nível de ódio para que a criança consiga integrar essas duas dimensões de forma realista. De outro modo, ela ficará apenas com um senso de ódio que poderá então se alocar no lugar errado, como aconteceu com Jack.

Quando deu à luz o segundo bebê, Jennie ficou particularmente vulnerável a sentimentos que ela mesma havia sentido como filha mais velha à espera de um irmão mais novo – sentimentos que não estavam resolvidos de verdade. Como ela poderia funcionar como uma adulta se seu próprio estado infantil de ciúme e raiva voltava a despertar depois de ficar escondido de si mesma por tanto tempo? Jack tinha sorte; seu pai poderia dar um passo à frente e se concentrar no filho, e também havia uma professora que estava ciente da situação e que era capaz de tolerar a raiva da criança com firmeza e compreensão.

A mãe de Toby e de Charlotte - o irmão e a irmã já mencionados, primeiro quando estavam brigando e, depois, para falar de suas diferenças - era muito boa em controlar e estimular o desenvolvimento intelectual dos filhos, mas, quando se tratava de limites físicos, ela parecia deixá-los soltos. Os dois muitas vezes se viam em situações em que corriam o risco de machucar um ao outro. Karen, a mãe, também tinha dificuldade em controlar o tempo de televisão, ainda que costumasse reclamar que passavam tempo demais diante da tela. Quando Toby tomava posse do controle remoto, só o pai conseguia pegá-lo de volta sem que o filho tivesse um ataque de birra de grandes proporções. Parte do problema de Karen era que ela evitava todo tipo de conflito que pudesse gerar essas explosões raivosas. Isso levava a uma confusão considerável sobre quem estava no comando e quem poderia dizer "não" para quem.

Toby era uma mina de informações sobre temas que iam muito além do que uma criança normal de quatro anos poderia saber, porém parecia usar o conhecimento sobre determinado assunto para sentir que tinha alguma dose de controle sobre o mundo externo. Isso acontecia não no sentido de entender as coisas num nível emocional, e sim com o objetivo de dominar a ansiedade em relação a não ter limites firmes estabelecidos pela mãe ou pelo pai. Ele também queria agradar a mãe, para quem as conquistas intelectuais eram muitíssimo importantes, mas talvez à custa de proporcionar ao filho um tipo diferente de limite para acolher seus sentimentos difíceis.

Um exemplo típico disso ocorreu quando, um dia, Toby estava olhando para um narciso num vaso na janela da cozinha. A mãe entrou e ofereceu um biscoito de chocolate, que o menino pegou e enfiou sem demora na boca. Ele pediu outro. "Nós não costumamos comer dois, não é?", a mãe disse. O rosto de Toby ficou bem vermelho de raiva enquanto ele começava a protestar. "Está bem, acho que não tem problema", disse a mãe, oferecendo o prato. Toby agarrou dois e a mãe não disse nada. Toby voltou mais uma vez a atenção para o narciso e falou o nome de todas as partes da planta, uma por uma. "Cresceu bastante", disse o menino. "Era inverno, e agora é primavera. Esta parte se chama caule", continuou ele, enquanto tocava a haste, "e estas são as pétalas... cinco pétalas... uma, duas, três, quatro, cinco... e esta é a trombeta". Creio que esse comportamento mostra como Toby estava assustado com o que ele via como uma necessidade e uma voracidade sem limites, as quais a mãe era incapaz de frustrar ou limitar. Talvez a culpa o tenha levado a exibir seus conhecimentos intelectuais como uma forma de agradá-la.

Nessa idade, a criança terá decepções inevitáveis e graduais - se não com a mãe, então com outros adultos -, o que permitirá que os limites se cristalizem aos poucos. As crenças anteriores de onipotência se tornarão ambições mais realistas e alcançáveis.

CADA VEZ MAIS INDEPENDENTE

> Não digam "Você já é crescida" e então "Ainda é nova demais".

Para que esteja pronta para perder os laços de dependência, a criança precisará ter passado pela experiência de uma mãe ou um pai - um cuidador principal - que, de modo geral, consiga acolher suas ansiedades e ofereça a experiência de alguém que pensa nela. Em outras palavras, uma mãe ou um cuidador emocionalmente atento que demonstre curiosidade pela criança até o momento em que ela esteja pronta e madura o bastante para começar a ser curiosa por conta própria. É a partir daí que ela gradualmente desenvolverá a capacidade de pensar e de aprender, primeiro em casa e depois na escola, onde terá início um processo mais formal de aprendizado. Mas, como vimos, mesmo crianças de quatro a cinco anos podem regredir e voltar a se comportar como bebês caso se sintam sobrecarregadas por emoções poderosas que vão além de sua compreensão. Nesses momentos difíceis, elas precisarão de uma mãe ou um pai que pense por elas até que estejam prontas para voltar a fazer isso por si.

Talvez, para uma criança dessa idade, a coisa mais importante de todas seja sentir que existe um espaço para ela nos pensamentos da mãe ou do pai, um lugar onde possa se sentir compreendida e onde seus medos possam ser nomeados e se tornar suportáveis. Então esse sentimento de ter um espaço na mente de outra pessoa poderá ser transferido para os professores e amigos, e ela poderá, o que talvez seja o mais importante, desenvolver na própria mente um espaço onde essa forma de pensamento possa acontecer. O senso da própria identidade como algo separado, mas conectado à identidade da família, ficará mais forte à medida que ela se vir refletida nos olhos não só da mãe e do pai, como de todas as outras pessoas significativas na vida dela.

Amizades ficarão mais sólidas e é possível que em algumas noites o filho vá dormir na casa de outras crianças - o que poderá ser enfrentado sem tanta ansiedade por estar longe da mãe e do pai. Fantasias e faz de conta compartilhados desempenham um papel cada vez mais importante nos relacionamentos próximos e levam a um aumento da intimidade e a novas formas de lidar com desentendimentos.

Os anos seguintes são chamados de período de latência, que, de modo geral, vai dos cinco aos onze ou doze anos - a idade correspondente aos anos iniciais do ensino fundamental. "Latência" significa que os sentimentos intensos que a criança teve até agora ficarão adormecidos até a chegada da puberdade. Há uma boa razão para esse período de relativa tranquilidade, já que isso significa que a criança poderá concentrar todas as energias no aprendizado e na socialização. Cada nova conquista, desde conseguir amarrar os sapatos até aprender a ler, será sentida como um grande feito e se somará a um senso cada vez maior de que ela é capaz de dar conta do próprio mundo.

E, assim, com sorte e amor, a criança se aproximará do sexto aniversário com a confiança para olhar para fora. Ela se afastará dos sentimentos turbulentos que nutre pela mãe e pelo pai e começará a direcionar a curiosidade para outros tipos de pareamento e participação. O desejo de saber o que está acontecendo para além da porta do quarto dos pais - coisas inimagináveis das quais ela está totalmente excluída - diminuirá. Com a repressão da curiosidade sexual, ela poderá se concentrar melhor em todas as coisas empolgantes e interessantes que estão acontecendo em sua vida. Esse é o momento para compreender o mundo exterior e para aprender com as experiências reais.

CONCLUSÃO

Mensagem urgente para minha mãe e meu pai

Não peçam que eu faça o que não sei
Mas só o que até hoje me bastou
Não peçam o que não posso ser
Mas só que eu seja mesmo quem sou

Não digam "Você já é crescida"
E então "Ainda é nova demais"
por favor, não peçam que eu vá ou fique
por favor, que eu baste, e nada mais.[14]

HIAWYN ORAM, 1993

14 No original: "*Don't ask me to do what I can't do/Only ask me to do what I can/Don't ask me to be what I can't be/Only ask me to be what I am//Don't one minute say 'Be a big girl'/And the next, 'You're too little for that'/PLEASE don't ask me to be where I can't be/PLEASE be happy with right where I'm at*". Cf. Hiawyn Oram, "Urgent Note to my Parents", in J. Foster (org.), *All in the Family*. Oxford: Oxford University Press, 1993). [N.T.]

LEITURAS COMPLEMENTARES

Sobre seu filho de quatro a cinco anos

CARNEIRO, Rosamaria Giatti. "Afinal, a má mãe existe?". *Revista Mundaú*, v. 1, n. 15, pp. 20–39, 2024.

HAIDT, Jonathan. *A geração ansiosa*, trad. Lígia Azevedo. São Paulo: Companhia das Letras, 2024.

SALZBERGER-WITTENBERG, Isca; WILLIAMS, Gianna & Elsie OSBORNE. *The Emotional Experience of Learning and Teaching*. London: Routledge & Kegan Paul, 1983.

WADDELL, Margot. *Vida interior: psicanálise e desenvolvimento da personalidade* [1998], trad. Patrícia F. Lago. São Paulo: Blucher, 2017.

WINNICOTT, Donald W. *A criança e seu mundo* [1957], trad. Álvaro Cabral. Rio de Janeiro: LTC, 1982.

___. *Família e desenvolvimento individual* [1965], trad. Marcelo B. Cipolla. São Paulo: Ubu Editora, 2023.

___. *Falando com pais e mães* [1993], trad. Álvaro Cabral. São Paulo: Ubu Editora, 2023.

Para seu filho de quatro a cinco anos

ASSUMPÇÃO, Itamar & Dalton PAULA. *Homem-bicho, bicho-homem*. São Paulo: Caixote, 2021.

ATWOOD, Margaret & Elaine RISLEY. *Olho de gato* [1988], trad. Léa Viveiros de Castro. Rio de Janeiro: Rocco, 2007.

BANIWA, Denilson & Sophia PINHEIRO. *A jabota poliglota*. São Paulo: Boitatá, 2024.

BRENMAN, Ilan (org.) & Rafael ANTÓN, *Meu filho pato*. São Paulo: Companhia das Letrinhas, 2011.

BROWNE, Anthony. *O túnel* [1989], trad. Clarice Duque Estrada. Rio de Janeiro: Pequena Zahar, 2015.

CIRÍACO, Rodrigo & PRIWI. *Vovó virou semente*. São Paulo: Nós, 2023.

DAHL, Roald & Quentin BLAKE. *O dedo mágico* [1966], trad. Monica Stahel. São Paulo: Editora 34, 2013.

___. *O crocodilo enorme* [1978], trad. Monica Stahel. São Paulo: Martins Fontes, 2017.

___. *As bruxas* [1983], trad. Jefferson Luiz Camargo. São Paulo: WMF Martins Fontes, 2016.

___. *Matilda* [1988], trad. Cecília Camargo Bartalotti. Rio de Janeiro: Galera Junior, 2022.

DEMI. *O pote vazio* [1990], trad. Monica Stahel. São Paulo: Martins Fontes, 2007.

DONALDSON, Julia & Axel SCHLEFFER. *O grúfalo* [1999], trad. Gilda de Aquino. São Paulo: Brinque-Book, 1999.

___. *Macaco danado*, trad. Gilda de Aquino. São Paulo: Brinque-Book, 1999.

___. *O gigante mais elegante da cidade*, trad. Gilda de Aquino. São Paulo: Brinque-Book, 2018.

DR. SEUSS, *O gatola da cartola* [1957], trad. Bruna Beber. São Paulo: Companhia das Letrinhas, 2017.

FARIA, Lúcia & Kaatje VERMEIRE. *Mari e as coisas da vida*, trad. Cristiano Zwiesele do Amaral. São Paulo: Pulo do Gato, 2016.

GRAMSCI, Antonio & Laia DOMÈNECH. *O rato e a montanha* [1931], trad. Thaisa Burani e Luiz Sérgio Henriques. São Paulo: Boitatá, 2019.

GREY, Mini. *O homem atômico chegou!*, trad. Vanessa Barbara. São Paulo: Cosac & Naify, 2006.

HADDON, Mark. *O estranho caso do cachorro morto*, trad. Luiz Antonio Aguiar e Marisa Reis Sobral. Rio de Janeiro: Galera, 2022.

HENN, Sophy. *Eu odeio tudo*, trad. Marina Vargas. São Paulo: Reco-Reco, 2025.

KING, Stephen Michael. *O homem que amava caixas*, trad. Gilda de Aquino. São Paulo: Brinque-Book, 1990.

LLENAS, Ana. *Vazio*. São Paulo: Moderna, 2018.

LOVE, Jessica. *Julián no casamento*. São Paulo: Boitatá, 2023.

MACHADO, Ana Maria. *Bisa Bia, Bisa Bel*. São Paulo: Salamandra, 2003.

MILNE, A. A. *Ursinho Pooh* [1926], trad. Monica Stahel. São Paulo: Martins Fontes, 2018.

PARR, Todd. *O livro do adeus*. São Paulo: Panda Books, 2017.

PINTADERA, Fran & Ana SENDER. *Por que choramos?*, trad. Inês Castel-Branco. São Paulo: WMF Martins Fontes, 2022.

___. *Por que temos medo?*, trad. Livia Deorsola. São Paulo: WMF Martins Fontes, 2022.

POTTER, Beatrix. *As aventuras de Pedro Coelho* [1901], trad. Eduardo Bueno. São Paulo: Companhia das Letras, 2014.

PRATA, Antonio & Talita HOFFMANN. *A menina que morava no chuveiro*. São Paulo: Ubu Editora, 2018.

___. *Esconde-esconde*. São Paulo: Ubu Editora, 2021.

PENZANI, Renata & Renato ALARCÃO. *A coisa brutamontes*. Recife: Cepe, 2018.

ROCHA, Ruth & Mariana MASSARANI, Coleção Quem Tem Medo?. São Paulo: Salamandra, 2008.

ROSEN, Michael & OXENBURY Helen. *We're Going on a Bear Hunt*. London: Walker Books, 1989.

SENDAK, Maurice. *Onde vivem os monstros* [1963], trad. Heloisa Jahn. São Paulo: Companhia das Letrinhas, 2023.

SILVERSTEIN, Shel. *A árvore generosa* [1964], trad. Fernando Sabino. São Paulo: Companhia das Letrinhas, 2017.

TECKENTRUP, Britta. *A árvore das lembranças*, trad. Marília Garcia. Rio de Janeiro: Rovelle, 2014.

TOLKIEN, J. R. R. *Roverando*, trad. Rosana Rios. Rio de Janeiro: HarperKids, 2021.

WADDELL, Martin & Barbara FIRTH. *Você não consegue dormir, Ursinho?* [1988]. São Paulo: Brinque-Book, 2008.

ZIRALDO. *O menino maluquinho*. São Paulo: Melhoramentos, 2010.

___. *O bichinho da maçã*. São Paulo: Melhoramentos, 2011.

___. *O menino marrom*. São Paulo: Melhoramentos, 2012.

SOBRE OS AUTORES

LESLEY MARONI é psicoterapeuta de crianças e adolescentes formada pela Clínica Tavistock. Tem experiência no atendimento a crianças e famílias no Cassel Hospital, em unidades de internação do sistema público de saúde do Reino Unido (NHS) e em unidades comunitárias especializadas voltadas à saúde mental da criança e do adolescente (CAMHS). É membro do British Psychoanalytical Council, psicoterapeuta consultora na Child and Family Practice (CFP).

MARCELO CIPIS nasceu em São Paulo, em 1959. Formado em arquitetura pela FAU-USP em 1982, é artista e um grande ilustrador, com mais de trinta livros publicados. Participou dos Salões de Arte Contemporânea de São Paulo nos anos 1980 e da 21ª Bienal de São Paulo em 1991, além de outras mostras no Brasil e no exterior. Recebeu o prêmio Jabuti de Ilustração em 1994 e uma bolsa da Pollock-Krasner Foundation em 2000.

COLEÇÃO ENTENDENDO SEU FILHO

Criada pela Clínica Tavistock, uma referência internacional em desenvolvimento infantil, saúde mental e psicoterapia com crianças e famílias, a coleção Entendendo seu Filho é um guia sensível, sem fórmulas prontas, julgamentos ou idealizações, para acompanhar os cuidadores no dia a dia com sua criança - dos primeiros dias do bebê até as descobertas dos cinco anos de idade. Em cinco volumes, as autoras compartilham situações reais, exemplos tirados do cotidiano do consultório e da escola, que espelham dúvidas e emoções tão comuns quanto difíceis de nomear, como insegurança, cansaço, ternura, frustração, alegria, medo, desejo.

Publicados originalmente na Inglaterra, os textos foram atualizados para o contexto brasileiro, com notas e prefácios de especialistas em infância de áreas como psicanálise, pediatria e educação, com coordenação de Luciana Pires.

Uma leitura essencial para mães, pais, parentes, amigos e cuidadores — não só os de primeira viagem —, assim como para os diversos profissionais que trabalham em conjunto para oferecer apoio às crianças e às famílias.

Entendendo seu bebê
Sophie Boswell
Entendendo seu filho de um ano
Sarah Gustavus-Jones
Entendendo seu filho de dois anos
Lisa Miller
Entendendo seu filho de três anos
Louise Emanuel
Entendendo seu filho de quatro a cinco anos
Lesley Maroni

edição Florencia Ferrari e Gabriela Ripper Naigeborin
leitura crítica Marcelle Schimitt
preparação Cristina Yamazaki
revisão Cláudia Cantarin
design de capa Elaine Ramos
composição Julia Paccola e Ana Lancman
tratamento de imagem Carlos Mesquita

EQUIPE UBU
direção Florencia Ferrari
direção de arte Elaine Ramos; Julia Paccola e Ana Lancman (assistentes)
coordenação Isabela Sanches
coordenação de produção Livia Campos
editorial Gabriela Ripper Naigeborin e Maria Fernanda Chaves
comercial Luciana Mazolini e Anna Fournier
comunicação/circuito ubu Maria Chiaretti, Walmir Lacerda e Seham Furlan
design de comunicação Marco Christini
gestão circuito ubu/site Cinthya Moreira, Vic Freitas e Vivian T.

UBU EDITORA
Largo do Arouche 161 sobreloja 2
01219 011 São Paulo SP
ubueditora.com.br
professor@ubueditora.com.br
/ubueditora

Dados Internacionais de Catalogação na Publicação (CIP)
Elaborado por Vagner Rodolfo da Silva CRB-8/9410

T234e Tavistock, Clínica; Maroni, Lesley
Entendendo seu filho de quatro a cinco anos/Lesley Maroni/Clínica Tavistock; título original: *Understanding 4-5-year-olds*; tradução de Humberto do Amaral; ilustrações de Marcelo Cipis; coordenação da edição brasileira de Luciana Pires; prefácio de Jonathan Bradley; prefácio à edição brasileira de Angela Fontana e Lucia Wajskop.
São Paulo: Ubu Editora, 2025/128 pp./Coleção Entendendo seu Filho
ISBN 978 85 7126 205 8

1. Psicologia do desenvolvimento da criança.
2. Infância. 3. Cuidado. 4. Desenvolvimento infantil. 5. Relação familiar. 6. Pais.
I. Maroni, Lesley. II. Amaral, Humberto do.
III. Cipis, Marcelo. IV. Fontana, Angela.
V. Wajskop, Lucia. VI. Título

2025-4105 CDD 155.4 CDU 159.922.7

Índice para catálogo sistemático:
1. Psicologia do desenvolvimento da criança 155.4
2. Psicologia do desenvolvimento da criança 159.922.7

fonte Habitas
papel Pólen bold 90 g/m²
impressão e acabamento Ipsis